行政法

高橋信行

（新訂）行政法（'22）

©2022　高橋信行

装丁・ブックデザイン：畑中　猛

o-36

はじめに

　本書は，放送大学のラジオ講座「行政法」の教科書として執筆されたものである。放送大学では，必ずしも法学を専門としない幅広い層の学生が学んでいることから，通常の行政法の教科書とは異なり，より初学者向けに内容をアレンジすることにした。それゆえ，本書の狙いは，行政法に関する知識を広くカバーすることではなく，比較的実生活に身近な問題を素材にして，行政法がこれらの問題にどのように関わっているかを示すことで，行政法のエッセンスを重点的に学ぶことにある。

　そのための工夫として，それぞれの章の冒頭にテーマと関連する新聞記事を掲げることにした。その上で，関連する行政法の規定や判例，学説等を紹介している。日常的に目にしている事件等を出発点として行政法を学ぶことで，より知識が定着することが期待できるからである。

　その反作用として，紙幅の都合上，本書では説明を省いた論点も少なくない。一般的な教科書では，関係する論点を網羅的に説明することが多いが，その結果として，それぞれの論点についての説明が不十分となるきらいがある。しかし，行政法の論点には独特の難解さがあるために，初学者にとっては，むしろ論点数を絞ってそれぞれの説明を充実させた方が有益であると言えるだろう。

　したがって，読者の皆さんには，本書を読み進めて一通りの知識を得たとしても，それは行政法の全体系の一部を垣間見たことに過ぎないことに注意してもらいたい。もし本書を通じて行政法の世界に興味を持ってくれたのなら，残りの部分については，定評のある教科書や判例集で学習することをお勧めしたい。

　なお、本書の主要部分は2020年4月から9月にかけて執筆された。当時は、いわゆる「ステイ・ホーム」が求められていた期間であり、コロナ危機が果たしてどのように展開していくのか、様々な不安を覚えながら執筆を続けたことを記憶している。また、感染症と法制度に関する人々の関心も高まっていたことから、本書の2章を割いてコロナ危機を取り扱うことにした。結果としては、自宅に籠らざるを得なかったことにより執筆が順調に進み、それなりに満足のいく教材を完成させることができた。これも「不幸中の幸い」ということだろうか。

　2021年11月　　　　　　　　　　　　　　　　高橋　信行

目 次 ┃

1 | 行政法の概観—古物営業法

《学習のポイント》　本章では，古物営業法を基に行政法の基本的仕組みを概観する。行政法が実生活にどのように関わり，行政機関によってどのように適用されるのか，といった点を見ていこう。
《キーワード》　規制行政，古物営業法，行政法の役割

「田中でいい」偽名書かせ盗品買った容疑　古物商を逮捕
（朝日新聞デジタル版　2019年9月9日）

　身分を確かめず，偽名で書類を書かせた上で盗品を買い取ったとして，福岡県警は9日，福岡市の古物店経営A容疑者を古物営業法違反などの疑いで逮捕し，発表した。容疑を否認しているという。

　県警によると，A容疑者は，自らが営む同市の古物店で，盗品の貴金属を売却者の男から買い取る際，住所や氏名などを確かめず，貴金属の加工に同意させる「加工承り証」に偽名で「田中一夫」と書かせ，文書を偽造した疑いがある。

　買い取る際に「田中でも何でもいいから，書いとって下さい」と男に伝えたとされるが，A容疑者は「身分確認したし，『田中でも何でも』とは言っていない」と話しているという。

1. はじめに

　最初に取り上げるのは,「古物営業法」に関連する事件である。記事の内容はそう難しくないのですぐに理解できると思われるが, 要するに, 古物店の経営者が貴金属を買い取る際に売主の氏名を十分確認しなかったことが法律に反するとされたのである(厳密に言えば,「加工承り証」を偽造したことは有印私文書偽造(刑法159条1項)に当たる可能性があるが, この点には触れない)。

　もっとも, より子細にみると, この事件はかなり複雑な問題を含んでいる。まず, 売却された貴金属が「盗品」であるのなら, 盗んだ本人を窃盗罪(刑法235条)で罰するのが筋であり, それを買い取った経営者のAまで罰する必要があるのだろうか。特に, 記事からは明らかでないが, 仮に盗品であることに気付かなかったのであれば, なおさら処罰は行き過ぎに思えるかもしれない。また,「身分を確かめず……」とあるが, なぜこの点が違法とされたのだろうか。そして, そもそも, この事件で適用された古物営業法とはどのような法律なのだろうか。

　このように考えていくと,「貴金属を盗んだ泥棒が窃盗罪で逮捕された」といった普通の窃盗事件と比べて, この事件がかなり特殊であることが理解できるだろう。そして, 初学者にとっては, なぜこの経営者が逮捕されるのか, 言い換えると, 逮捕されるほど悪質なことをしたのかといった点は, なかなか分かりにくいかもしれない。

　実は, そこに行政法固有の存在意義と難解さがある。この存在意義については後に説明することにして, まずは古物営業法の概要の説明から始めよう。

2. 古物営業法の概要

　古物営業法とはその名の通り，「古物営業」を取り締まるための法律であり，行政法に属する典型的な法律群の一つである。比較的単純な仕組みであり，条文数も少ない上に，難しい専門用語もあまり用いられていないことから，初学者にとっても理解しやすいと思われる。

　古物営業法に限らず，行政法の法律を理解する上でポイントとなるのは，①人々のどのような活動を，②どのような理由で，③どのような手段で規律しているか，といった点である。第2章以降でも様々な法律が登場するが，これらの3点をしっかり押さえて，法律の特徴を正しく理解できるようにしよう。

　まず，①については，古物営業法は「古物」に関する「営業」を制限している[1]。常識的には，「古物」とは一度使われて古くなった物という意味であるが，法律用語としての「古物」は古物営業法2条1項に定義されている。条文を確認すると，「一度使用された物品（……）若しくは使用されない物品で使用のために取引されたもの又はこれらの物品に幾分の手入れをしたもの」とされている。この点は特に問題ないだろう。

　同様に「古物営業」とは，2条2項一号によれば，主として「古物を売買し，若しくは交換し，又は委託を受けて売買し，若しくは交換する営業」がこれに当たる。典型的には，不特定多数から不要になった物品を買い取り，それらを店舗で販売することである。この点も問題なく理解できると思われるが，その他の類型も定められているので条文を確認しておこう。

1　なお，ここでいう「営業」の意味については注意が必要である。一般に，反復的・継続的でかつ相当な規模の活動のみが「営業」（ないしは「業」）に当たると解されており，単に友達同士で要らなくなった物を交換するといった類型まで制限されるわけではない。もちろん，どこからが「営業」に当たるのか，という線引きは難しいが，この事件のように，店舗を構えて継続的に貴金属を買い取っている場合には，疑いなく営業に当たると言えるだろう。

　後に説明するように，このような古物営業を行うに際しては，法律の定める様々なルールに従わないといけない。本来，経済活動の自由は憲法22条の「職業選択の自由」によって保障されているものの，特別の必要性に基づき制限が及んでいる場合が極めて多く，この古物営業もその一例に当たる。

　次の②については，古物営業を制限する理由は古物営業法1条の「目的」に掲げてある。古物営業法に限らず，法律の冒頭の1条には，法律がどのような事項を規律し，どのような目的を目指しているのか，その概要が宣言されていることが多いので，必ず確認しよう。

　さて，古物営業法では，その目的は(a)「盗品等の売買の防止，速やかな発見等」を目指して，その結果として(b)「窃盗その他の犯罪の防止を図り，及びその被害の迅速な回復」を実現することとされている。(a)が直接の目的で，(b)が究極の目的であると整理できるだろう。

　実際，古物店での盗品の売買を放置すると，窃盗犯は容易に盗品を換金することができるので，犯罪が助長されてしまうおそれがある。未成年者の犯罪でも，本屋で万引きした漫画等を古書店に売って換金するといった事件が非常に多いことが知られている。そこで，古物店等で盗品が売買されないように，法律による特別の規制が導入されたのである。

　刑法の窃盗罪が刑罰という直接的な制裁を科すことで窃盗を抑止するのに対して，古物営業法は盗品による収益化を防ぐことで間接的に窃盗を抑止している。いわば，刑法と古物営業法は「車の両輪」であり，協力して犯罪を予防しているのである。

　もう一つポイントとなるのは，古物営業法が「盗品等の売買の防止等」のための規制であり，他の目的のために利用することは原則として許されないことである[2]。この点は「裁量権の濫用」や「他事考慮」に

2　古物営業法に限らず，一般に，法律の目的は「公益」（「公共の福祉」や「公共の利益」ともいう）を守ることにある。古物営業法の場合は，1条で示されているように，犯罪の防止と被害の迅速な回復が公益に当たる。個々の法律がどのような公益に仕えるのか，両者の対応関係に注意しよう。

関係するので，また後に説明しよう（→第5章・第15章）。

　最後の③については，少し長くなるが，盗品売買を防ぐために古物営業法がどのような手立てを講じているか，その骨子を見ていこう。

　まず，第2章「古物営業等の許可等」の規定から分かるように，古物営業法では「許可制」が採用されている。この許可制とは行政法の重要な仕組みの一つであり，人々の行動（経済活動の場合が多い）を法令に基づき一律に禁止した上で，特定の個人や法人に限って行政庁が審査してその禁止を解除することを意味する。そして，この禁止の解除のことを特に「許可」と呼んでいる。

　少し難しい説明であるが，古物営業を例にすれば，経営者が古物営業を開始する前に，行政庁（都道府県公安委員会）に申請をして，許可を求める必要がある。審査の結果，経営者が盗品の売買等をするおそれがないと判断されれば，許可が与えられる。そうして初めて古物営業を適法に開始することができる。逆に言うと，この許可を得ないまま営業を開始すると，「無許可営業」として違法と評価されて，場合によっては逮捕されて刑罰が科されることもある。

　このように，許可制の仕組みは，営業等が始まる前にその妥当性を行政庁が審査することで，人々の利益が損なわれるのを未然に防ぐことを目的としている。許可制を採用する法律は極めて多いので，この基本的な仕組みを正しく理解しておこう。

　次に，第3章「古物商及び古物市場主の遵守事項等」の規定では，古物商が許可を得て営業を開始した後に守るべき義務が定められている。許可を受けた後にも古物商の活動は法律で規律されていて，第4章「監督」と第6章「罰則」では，古物商がこれらの遵守事項に違反した場合の対応策が定められている。具体的には，行政調査や営業停止の権限の他，義務履行確保の手段としての行政刑罰に関する規定が並んでいる。

　このように，許可を受けた後も，様々な制限が法律で課されているので，経営者としては常にこれらの制限を守りつつ営業を続ける必要がある。もし，制限に違反した場合には，それが意図的なものでなくても，営業停止や許可の取消しといった制裁を受けることがある[3]。逆に言うと，行政庁は，法律の定める制限が正しく遵守されていることを監督する責務を担っている。先に挙げた行政処分や行政刑罰はそのための手段であるが，かなり複雑な仕組みであるので後で詳しく説明しよう（→第2章・第9章）。

　さて，この事件では，経営者Aが売主から貴金属を買い取る際に，住所や氏名などを確かめなかった疑いがあるが，この不作為が古物営業法の定める遵守事項とどう関係するのだろうか。

　古物営業法の第3章の規定を見ていくと，売主の氏名等を確認する義務が15条1項で定められていることが分かる。概要を述べると，古物を買い受ける場合等には，「相手方の真偽を確認するため」に「相手方の住所，氏名，職業及び年齢を確認すること」が求められている[4]。また，その他の類型もあるが，ここでは説明を省略する。

　読者の中にも，漫画本やゲームソフト等を買い取ってもらう際に，運転免許証等の提示を求められた人がいるだろう。常識的に考えても，素性の分からない者から物品を買い取ることにはリスクがあることから，必ず本人確認をすることは当然のことと言える。ただ，この本人確認

3　「営業停止」とは，一定期間，営業を取り止めることを命じることであり，「許可の取消し」とは，一旦与えた許可を消滅させることを意味する。これらの命令は，個人や法人に個別具体的な義務を課することから，「行政処分」に分類される。より正確には，行政処分とは「公権力の主体たる国または公共団体が行う行為のうち，その行為によって，直接国民の権利義務を形成しまたはその範囲を確定することが法律上認められているもの」と定義される（最判昭和39年10月29日）。また，古物営業法第6章の定める罰則は刑法と類似の仕組みであるが，行政法の定める刑罰であることから，特に「行政刑罰」と呼ばれる。行政刑罰と言っても，刑事手続や刑法総則が適用されるという意味では，刑法の定める刑罰と変わりはないことに注意しよう。

は，倫理的な責務としてではなく，古物営業法に基づく法的な義務として実施されていることを理解しておこう。

　結局，この記事では詳述されていないが，経営者Ａは貴金属を買い取る際に免許証等を確認しなかったことから，15条1項違反の疑いがかけられていると考えられる。その場合，33条一号により「六月以下の懲役又は三十万円以下の罰金」の行政刑罰が科される可能性がある5。そこで福岡県警はＡを逮捕して取り調べを行い，起訴するか否かを判断することになったのである。

　これまでの説明から分かるように，古物営業法の下では，買取りの際に氏名等を確認しないことは違法と評価される。例えば古書店でアルバイトをする際には，この点に十分注意して適切に本人確認を実施しないと，後で警察から厳しい指導を受けることもある。アルバイトといえども，犯罪を防ぐための重い責務を負っていることに注意しよう。

4　なお，古物商の負担を軽減するために，この本人確認の義務には例外が認められている。すなわち，「対価の総額が国家公安委員会規則で定める金額〔＝1万円〕未満である取引をする場合」には確認する必要はない（15条2項一号）。ただし，例外の例外として，「特に前項に規定する措置をとる必要があるものとして国家公安委員会規則で定める古物〔＝ゲームソフトや音楽CD，書籍等〕」については，総額1万円未満の取引でも確認が必要になる（15条2項一号かっこ書き）。これらの物品は換金性が高く，窃盗（いわゆる「万引き」）の対象となりやすいことから，規制が強化されているのである。このように，法律の規定には，原則の他に，例外や「例外の例外」が定められていることが多い。

5　条文を確認しておくと，第6章「罰則」の33条は，「次の各号のいずれかに該当する者は，六月以下の懲役又は三十万円以下の罰金に処する」とした上で，一号から五号までの類型を挙げている。そして，一号には，「第十四条第二項，第十五条第一項，第十八条第一項又は第十九条第四項から第六項までの規定に違反した者」とあるので，15条1項違反に対して上記の法定刑が科されることが読み取れる。条文の規定は複雑であるが，少しずつ慣れていこう。

　なお，通常は，15条1項違反を理由として経営者が逮捕されることは極めて稀である。比例原則の観点から，行政刑罰を科すためには，それなりに重大な違反が認められなければならないからである。

3. 行政法の存在意義

　実生活においては，刑法や民法と比べると，古物営業法が意識されることはほとんどないと思われる（おそらく読者の大多数は，古物営業法の名前すら知らなかったのではないだろうか）。しかし，公益を守り，社会の秩序を保つために重要な役割を果たしている。

　先に説明したように，行政法に属する法律群は数多いが，古物営業法は行政法の典型的特徴を備えていると言える。そこで，古物営業法を手掛かりとして行政法の存在意義を学んでいこう。

（1）予防的な対策

　まず，窃盗罪に見られるように，刑法の役割は，一定の行為を犯罪として処罰することで，その行為が繰り返されないようにすることにある。原則として行為が為された後に適用されることから，事後的な対策であると言える。ただし，刑法に基づく制裁は，懲役刑や罰金刑，場合によっては死刑も含んでいることから，極めて強力である[6]。

　これに対して，行政法の役割は，事後的な対策も含んでいるものの，原則として事前に予防的な対策を実施することにある。古物営業法の場合にも，様々なルールを定めて盗品の売買を困難にすることで窃盗等の犯罪を抑止しているのである。他方で，古物営業法は犯罪被害の「迅速な回復」も目的としているが，こちらは事後的な対策に当たる。行政法

6　盗品売買についても実は刑法による処罰が用意されている。「盗品等関与罪」（刑法256条）と呼ばれる罪であり，例えば，この記事のように盗品を有償で（対価を払って）買い受けた場合には，最大で「十年以下の懲役及び五十万円以下の罰金」が科される場合がある。かなり重い刑罰が定められているが，この罪が成立するためには，盗品であることを知った上で買取り等をすること，言い換えると，罪を犯す「故意」が必要になる。そのため，経営者のＡが「貴金属が盗品であることを知らなかった」と主張すると，警察としてはＡの故意を証明しなければならないが，これは容易なことではない。このように，刑法による処罰には限界があることも押さえておこう。

においても，損害等が発生した後の原状回復は重要な目的とされている。

　関連して，行政法の下では，損害が発生するか否か，必ずしも予測がつかない場合にも制限を及ぼすことが認められている。また，そのための手法についても，行政刑罰のような強力な手段が用いられることもあるが，それは比較的稀なケースであり，むしろ，行政指導や行政処分といった，より穏健な手段が用いられることが極めて多い。言い換えると，行政法による対策は問題の特殊性に合わせて広範かつ柔軟となっているのである。

　盗品売買の他にも，例えば工場から排出される有害な煙によって付近の住民が健康被害を受けたというケースについて考えてみよう。近年では，科学技術の発展により工場の排煙による健康被害はほとんどなくなったが，高度成長期の公害問題に見られるように，過去においては重大な問題を引き起こしていた。

　この場合，民法や刑法に基づく解決には，一定の効果があるとしても限界が存在する。まず，民法の下では，不法行為法（民法709条等）に基づき，工場を経営する企業が被害者に対して損害賠償を支払うことで救済が図られるが，満足な救済が得られないことも多い[7]。

　また，刑法による解決策としては，企業の経営者を「業務上過失致死傷罪」（刑法211条）で処罰することも考えられる。しかし，現実には過失や因果関係の証明が極めて困難である上に，仮に有罪になったとしても，刑罰の上限（法定刑）が「五年以下の懲役若しくは禁錮又は百万円以下の罰金」と比較的軽いことから，被害を抑止する効果はそれほど大

---

[7]　その理由として以下の点を挙げることができる。①原則として，損害が既に発生した場合，もしくは損害の発生する蓋然性が極めて高い場合にしか救済が認められないこと，②加害行為（工場の排煙）と損害（健康被害）との間に因果関係があることや，加害者に故意・過失が存在することを，被害者が立証する必要があること（立証責任の問題），③救済を得るためには，被害者が民事訴訟を提起する必要があるが，この訴訟遂行に膨大な費用と時間がかかること（裁判の負担）である。

きくない8。

　このように，民法や刑法による解決策には不十分な点があり，特に，原則として損害が発生した後の事後的な救済であることが問題となる。重大な健康被害が生じたり，さらには生命が失われたりした場合には，損害賠償金が払われたり，経営者に懲役刑が科されたりしても，被害者にとっては十分な救済とは言えないからである。

　そこで，損害が発生する前に対策を講じるために，行政法では，「大気汚染防止法」という法律を制定して工場の排煙等に対して規制を及ぼしている。この法律の内容はかなり複雑であるが，例えば，一定濃度以上の有害物質を排出することを禁止し，これに違反した場合には，行政庁が使用停止命令や改善命令を発したり，工場の経営者に行政刑罰を科したりしている（1条・14条・33条）。さらには，工場等が密集している地域については，排出される有害物質の総量を制限すること（「総量規制」と呼ぶ）も行政庁には認められている（5条の2）。

　このように，健康被害等が生じていなくても，法律で特別の義務を定めることで排煙等に含まれる有害物質を減少させている。これが行政法における予防的対策の特徴であると言える。

（2）行政機関による監督

　もう一つの行政法の特徴は，環境保護や社会保障，インフラ整備，外交といった専門分野ごとに膨大な専門家が公務員として働いていて，公益を守る職責を果たしていることである。古物営業法の場合にも，都道府県公安委員会の管理の下，多数の警察官が犯罪捜査や治安維持に努めている。先に述べたように，法律に違反する疑いがある場合には，必要

8　「業務上過失致死傷罪」のような「過失犯」については，罪を犯す意思（故意）がない場合でも，損害の発見を予見してそれを回避できたにもかかわらず（予見可能性と回避可能性），不注意で損害を回避できなかった場合には，「過失」が認められるとして有罪にすることができる。その結果，処罰の範囲は広がるものの，過失の証明ができない場合も多いために，やはり限界が存在するのである。

に応じて調査を行い，適正な手続をとった上で営業の停止や許可の取消しを命じることができる。また，大気汚染防止法についても，大気汚染や健康被害に詳しい専門家の養成等を通じて，法律の遵守を徹底させるための体制が導入されている。

　これらの公務員は，企業や個人が法律に違反していないか，専門的な立場から監視を行い，必要に応じて行政処分等の権限を用いて違反の是正を図っている。このように，公益を現実に守るためには，単に法律を制定するだけでは不十分であり，その実現を図るための組織も整えないといけない。この過程を法律の「執行」と呼び，それを担う行政組織のことを「執行権（executive power）」と呼んでいる。

　もちろん，行政処分等は人々の自由を侵害するものであるから，過度な権限行使を抑えるために極めて細かいルールが定められている。その詳細についてもこれから学んでいこう[9]。

　今日においては，社会で起きる様々な問題に対処するために，多数の法律が制定されると共に，行政組織も極めて大規模なものとなっている。そこで働く公務員の貢献があってこそ公益が十分に達成されるが，法律による規制を強化しすぎることには弊害もある。

　まず，公務員にかかる人件費等をめぐる問題がある。公務員が増えすぎると，国や地方自治体の財政を圧迫してしまい，国民が払うべき税金が増えてしまうという批判がある。そこで，公務員の数を減らし，行政をスリム化するという「行政改革」が主張されることがある。

　次に，規制を強化しすぎると，経済活動の自由が過度に失われてしま

---

[9]　法律違反の疑いがある場合に行政庁が調査を行うことを特に「行政調査」と呼んでいる。また，営業停止といった行政処分を行う際には，事前に相手方の反論を聞くなどの手続をとらなければならないが，これを「行政手続」と呼ぶ。さらには，行政処分がされた後の救済手段として，「行政不服審査」や「行政訴訟」といった制度も用意されている。例えば行政訴訟の場合は，行政処分に不服のある者は取消訴訟等を裁判所に提起することで，その是正を求めることができる。裁判所は行政処分の違法性を審査して，もし違法性が認められれば，判決で行政処分を取り消したりすることができる。

い，企業が創造的・効率的に活動できなくなってしまうという問題も指摘されている。そこで，公益を守りつつも，合理性が失われた規制については，これを廃止すべきであるという主張もある。これを「規制緩和」と呼ぶ。

　これらの問題は極めて難しいものであり，唯一の正解があるわけではない。行政改革や規制緩和が行き過ぎると，かえって公益が損なわれて，経済的・社会的弱者に深刻な不利益が生じてしまう。そこで均衡を保つことが重要になってくるが，この均衡点は一体どこにあるのだろうか。これらの問題についても本書で取り上げることにしよう（→第12章・第13章）。

4. 終わりに

　本章では，古物営業法をめぐる事件を基に，行政法の特徴と存在意義について説明した。行政法の世界は，初学者にとっては摩訶不思議に思えるところも多いかもしれないが，それが実は行政法の魅力でもある。これから学習を続けて，行政法の世界に深く入り込んでもらいたい。

学習課題

1. 民法や刑法と比べて，行政法の特殊性はどのような点にあるのだろうか。本文中の説明を基に整理しよう。
2. 行政法の仕組みに慣れるために，「公衆浴場法」の条文を読んだ上で，その基本的な仕組みをまとめよう。

2 │ 規制行政の仕組み

《学習のポイント》 人々（個人や法人）の自由を制限するような行政作用を
「規制行政」と呼ぶが，食品衛生法を例にしてその基本的な仕組みを学ぶ。
《キーワード》 規制行政，許可制，不利益処分

> **豚の生レバー：提供禁止　厚労省，来月中旬から**
>
> （毎日新聞　2015年5月27日　東京夕刊）

　厚生労働省は27日，飲食店での豚肉の生食を禁止することを正式
に決めた。豚肉を提供する際に飲食店に加熱を義務付ける新たな規
格基準を薬事・食品衛生審議会の分科会に提示し，了承された。実
施は6月中旬を予定している。豚の生肉料理は2012年に牛の生レバ
ー提供が禁止された後に増加したとみられるが，E型肝炎感染や食
中毒のリスクが高いとして，厚労省が規制を検討していた。

　厚労省によると，豚の生肉はE型肝炎ウイルスや食中毒菌などを
含んでいる可能性がある。E型肝炎は発熱や嘔吐（おうと）などを
発症し，劇症肝炎になれば死に至ることもある。

　新規格基準は，豚肉料理の提供に，肉の中心部を63度で30分以上
加熱するか，それと同等以上の効果がある加熱殺菌を義務付ける。
厚労省は75度で1分以上の加熱処理を推奨する。

違反すれば，食品衛生法に基づいて飲食店は営業停止など行政処分を受けるだけでなく，罰則規定により2年以下の懲役や200万円以下の罰金を科される可能性もある。……

1.　はじめに

本章で取り上げるのは，食品衛生法に関わる記事である。ポイントは，規制が強化されて豚の生肉の提供が全面的に禁止されたことにあるが，この点はそう難しくないだろう。余談になるが，筆者は魚の刺身等は好物だが，肉の生肉が苦手なので規制が強化されても全く困らなかったが，好きな人にとっては悲しいニュースであったかもしれない。

さて，この記事で登場する食品衛生法は，第1章で登場した古物営業法や大気汚染防止法と同様に，人々の自由を制限することで公益を達成することを目的としている。このように，人々の自由を制限したり，人々に義務を課したりする行政作用のことを特に「規制行政」と呼んでいる。食品衛生法はこの規制行政の典型例に当たるので，以下，その特徴を学んでいこう[10]。

2.　食品衛生法の概要

まずは食品衛生法の概要を説明することから始めると，食品衛生法が目指す公益は，①「飲食に起因する衛生上の危害の発生を防止」することで，②「国民の健康の保護を図ること」にある（1条）。食中毒事件が起きると人の生命が失われる場合もあるので，飲食に起因する損害を防ぐために食品衛生法が制定されたのである。

10　なお，規制行政とは別に，社会保障の分野などで人々に金銭やサービスを提供することを「給付行政」と呼んでいる。また，規制行政にも給付行政にも当たらない類型もあるので，これらについては「その他の行政」として紹介しよう（→第3章・第4章）。

　古物営業法と比べると食品衛生法の仕組みはより複雑であるので，その概要を掴むのは少し難しくなっている。基本的には，①食品や添加物，容器包装等に関して，人の健康を損なうおそれのあるものの製造・販売等を規制した上で，②飲食店営業や食品製造・販売業に対する許可や監督の制度を定めている。

　よく知られているように，レストランやカフェといった飲食店を開業する際には，事前に行政庁（都道府県知事等）の許可を得なければならない（55条）。この点は第1章で紹介した古物営業と同様であるが，審査に際しては飲食店が衛生面の基準を満たしていることがポイントとなる。一口に「許可制」といっても，問題となる公益に即して法律ごとに審査のポイントが異なっていることに注意しよう[11]。

　また，法律違反の疑いがある場合に，行政庁が監視・監督を実施することも古物営業法と同様である。必要に応じて営業停止や許可の取消しなどの行政処分も実施できるし（60条・61条），より強力な制裁が必要な場合には行政刑罰を用いることもできる（81条以下）。その他にも様々な規定が置かれているが，ここでは記事に関係するものを説明しよう。

　さて，今回の記事では，豚の生肉を飲食店で提供することが禁止され，例外として，中心部を63度で30分以上加熱すれば販売が認められることになった。記事には「食品衛生法に基づいて飲食店は営業停止など行政処分を受ける……」と説明されているが，これは上述した営業停止処分や行政刑罰のことを指している。

　食品衛生法の目的からすれば，健康に有害な食品等の販売を規制でき

11　許可制のポイントは，行政庁が審査を行い，一定の条件を満たしている者のみに許可を与えることである。この条件は「許可基準」と呼ばれており，法律ごとに様々である。古物営業法では4条の「許可の基準」がこれに当たり，その条件は比較的緩やかであるために，許可を得るのはそう難しくはない。他方で，食品衛生法の場合は，54条の定める許可基準はかなり複雑で厳格なものであるために，許可を得るためにはかなりの準備が必要となる。

ることは当然であるように思われるが，行政法の観点からはその法的根拠を確認することが重要である。そこで，若干難しくなるが，関連する規定を見ていこう。

　この点，記事を読み返してみると「新たな規格基準……」とあるが，これがヒントになりそうである。規制が強化される際には国会が法律を改正することも少なくないが，この場合には，法律ではなく，「基準」が改正されたようである。

　3で説明するように，法治主義の原則からは，人々に義務を課したり，権利・自由を制限したりする場合には，法律の根拠が必要になるとされている。つまり，国民の代表である議会（国会）の賛同がない以上は，行政庁は国民に不利益を与えることは許されないのである。そうすると，食品衛生法を改正しないまま豚肉の生食を禁止することは法治主義違反となるように思われるが，以下に述べるように，この原則にも例外がある。

　確かに，改めて食品衛生法の規定を探しても，豚肉の生肉の提供を禁止する，といった詳細なルールが定められているわけではない。これは，法律の規定が膨大になるのを避けるために，法律では基本的な原則を定めるにとどめているからである。

　そこで，関連する規定をさらに探してみると，食品衛生法13条がポイントとなる。若干長い条文であるので関連する部分を抜き出すと，同条1項は「厚生労働大臣は，公衆衛生の見地から，薬事・食品衛生審議会の意見を聴いて，販売の用に供する食品若しくは添加物の製造，加工，使用，調理若しくは保存の方法につき基準を……定めることができる」と定めている。この規定には食品の調理の方法も挙げられていることから，豚肉の加熱処理についても厚生労働大臣が基準を定めることが法律で認められている。そして，同条2項によれば，この基準は法的な強制

力を有するので，飲食店等は当然に従わないといけない[12]。

　以上のように，実際上の必要性から，詳細な法的ルールの制定を（国会が直接担うのではなく）担当の大臣等に委ねるという方法がとられることがある。このような行政機関によるルール制定を「行政立法」と呼ぶが，その中でも，食品衛生法13条に基づく「基準」のように人々を法的に拘束するものを「法規命令」と呼んでいる。

　また，行政立法を制定する機関に応じてその名称が異なってくる。一般に，内閣が制定するものを「政令」と，大臣が制定するものを「省令」と，それぞれ呼んでいる。また，国の行政委員会が定めるものを「規則」と呼ぶことがある[13]。

　さて，国会が法律で全てを定めることは理想的であるように思えるかもしれないが，実際には，国会による法律改正には時間と手間がかかるために，状況の変化に合わせて迅速に対応できるように行政立法が多用されているのである。

　もっとも，行政機関による立法を認めるというのは，上述した法治主義に対する重要な例外に当たるので，無制限に認められるわけではない。特に法規命令については，法律が明示的に認めた範囲（これを「法律による委任」と呼ぶ）でのみ制定することが許される。

　確かに，食品衛生法13条を読み返してみると，どの行政機関が，どのような目的で，どのような事項について基準を定めることができるか，具体的に指示されている。この規定を根拠として，厚生労働大臣は基準を改正して豚肉の調理方法を指定したのである。

12　行政処分に関する60条の規定や行政刑罰に関する82条を見ると，「第十三条第二項」に違反する場合に処罰の対象となることが分かる。このように，義務を定める規定と義務違反に対する規定との対応関係に注意しよう。

13　第7章で説明するように，行政立法には「法規命令」と「行政規則」の二つがあるとされている。法規命令とは，人々を法的に拘束する効力（外部効果）を有する規範を意味する。これに対して，行政規則とは，行政内部で発出される事務処理の指針であり，下級行政機関を拘束するものの（内部効果），外部効果を持たない規範である。もちろん，この原則にも例外が認められる。

　次に，「基準」の具体的内容を見ていくと，「食品，添加物等の規格基準（昭和34年厚生省告示第370号）」と呼ばれる規定がこれに当たる（以下「規格基準」という）。厚生労働省のHPで閲覧できるが，極めて膨大な規定であるので，豚肉の調理関係の規定だけを紹介しよう。

　規格基準の「第1　食品　B食品一般の製造，加工及び調理基準」の9項を探すと，飲食店で消費者に豚肉を提供する場合には，「豚の食肉の中心部の温度を63℃で30分間以上加熱するか，又はこれと同等以上の殺菌効果を有する方法で加熱殺菌しなければならない」と定められている[14]。従来は，豚の生食に関する規定はなかったが，記事にあるように，2015年（平成27年）6月12日に新たに追加されたのである。

　さて，この記事に関する法制度の説明は以上の通りである。規格基準の定めを調べることは容易ではないが，行政法の観点からは，どのような義務がどのような規定で定められているか，という点は極めて重要である。繰り返し学ぶことで関連する法規定を探し出せるようになるので，徐々に習得していこう[15]。

　ただ，法制度の説明はさておき，この記事を読んで釈然としない思いをした読者もいるのではないだろうか。食中毒を防ぐという目的は理解できるとしても，豚の生肉を好物としている者もいるし，それを看板メニューにして利益を得ている飲食店もある。食中毒のリスクがある程度低いものであり，かつ消費者がそのリスクを理解して敢えて食べようと

14　若干細かい点になるが，ここで言う「食肉」には内臓等も当然に含まれる。また，焼肉店のように，消費者が自ら生肉を加熱して調理する場合には，販売者は「中心部まで十分な加熱を要する等の必要な情報」を伝えた上で，適切な注意喚起をしなければならないと定められている。

15　近年ではインターネットの検索技術が発達したので，関連規定を見つけ出すのは容易になっている。この改正に関しても，例えば東京都の「食品衛生の窓」のHPで紹介されていて，関係する通知等も掲載されている。
　参考：「豚の食肉の規格基準（生食用の販売禁止）が設定されました」
　　https ://www. fukushihoken. metro. tokyo. lg. jp / shokuhin / namashoku / butaniku.html

するのであれば，それを禁止することは正当化されるのだろうか。

　もちろん，おそらく読者の多くは，食中毒のリスクがある以上は率先
して禁止すべきであり，消費者の自由に任せるべきではないと考えるの
ではないだろうか。筆者個人もどちらかと言えば同じ意見であるが，こ
の問題にも唯一の正解があるわけではない。

　人々の嗜好を尊重して規制を緩和するのか，それとも，リスクのある
行為を積極的に規制するのか，第１章で述べた「規制緩和」の問題がこ
こでも出てくるが，人々が誤って危険な行為に及ばないように，国や地
方自治体が後見的な立場から規制することも少なくない。特に近年で
は，人々のリスクに対する意識が高まっていることから，より安全面の
対策が強化される傾向にある。

　今回の豚肉生食禁止についても，厚生労働省の説明によれば，Ｅ型肝
炎や寄生虫による健康被害が起きているにもかかわらず，これらのリス
クを消費者が正しく理解していないおそれがあることが問題視された。
「新鮮なら大丈夫」という誤解も広まっていたことから，規制強化が選
ばれたのである。

3. 規制行政の特徴と仕組み

　さて，これまで学んできた古物営業法・大気汚染防止法・食品衛生法
は「規制行政」に分類される。規制行政の特徴がある程度掴めてきたと
思われるが，ここではその特徴を説明しよう。

（1）規制行政と憲法（基本的人権）

　規制行政は人々の自由を制限するために，当然，憲法に基づく限界が
存在する。憲法は様々な基本的人権を定めているので，規制が過度に厳
しいものであれば，裁判所の違憲立法審査を経て，憲法違反として無効

とされることもある。もっとも，基本的人権にも「公共の福祉」による制約が認められているので（憲法13条），自由と公共の福祉（公益）との調和が問題となってくる[16]。

　では，具体的にどのような場合に憲法違反となるのだろうか。詳細については憲法の教科書等で学んでほしいが，結局のところ，規制の強さや目的，根拠等を総合的に考慮して，規制に合理的な必要性があれば憲法上許容されることになる。豚肉の生食禁止についても，①飲食店や消費者にもたらす不利益の程度，②公衆衛生の観点から食中毒を防止し，国民の健康を守るという目的の重要性，③豚肉の生食に起因する食中毒事件の被害状況（件数や症状等）の三つが総合的に考慮される。

　この問題に関する裁判例は見当たらないので，推測すると，①飲食店の売上が減るといった損害や好物を食べられなくなるといった消費者の不利益は比較的小さいと評価できること，②国民の健康を守るという目的は極めて重要であること，③食中毒に関する客観的なデータが揃っていて，等閑視できない被害が起きていることを踏まえると，違憲性が認められる可能性は非常に小さいと言えるだろう[17]。

（2）法律の留保

　先に説明したように，規制行政を実施するに際しては法律の根拠が必要になる。古物営業であれ，飲食店営業であれ，人々の権利を制限したり，義務を課したりする場合には，法律を制定し，それに基づき行政処

16　行政法に関係する基本的人権としては，やはり経済活動の自由（営業の自由や職業選択の自由）が挙げられる。古物営業法や食品衛生法の例からも分かるように，行政法の多くは個人や企業の経済活動を規制しているからである。

17　規制の必要性を根拠付ける客観的なデータのことを「立法事実」と呼ぶことがある。法律や行政立法の合憲性を審査する際には，この立法事実が適切であるか否かが問題となることが多い。そこで，様々な行政機関で統計調査等が実施されて，立法事実を蓄積することが試みられている。なお，これまでの最高裁判所の判例では，経済活動を規制する法律が憲法違反とされたことは極めて稀であり，薬事法距離制限規定事件（最判昭和50年4月30日）があるだけである。

分等を行うことが要請されるのである。

　この原則のことを「法律の留保」と呼んでいる。これはかなり古典的な原則であり，不文の法原則として日本国憲法の下でも当然に妥当すると考えられている。また，法律が制定された以上は，行政庁がこれに従わなければならないことも当然である。これを「法律による行政の原理」（または「法治主義」「法治国原理」）と言う[18]。

　今日では，規制行政に法律が必要となることはあまりに当然のことであり，特に意識されることはないかもしれない。しかし，歴史的に見れば，法律による行政の原理が確立されたことは重要な成果であったことを覚えておこう。

　なお，法律の留保に関しては様々な学説が主張されているが，実務や判例上は「侵害留保説」がとられている。これは，人々の自由や権利を制限したり，義務を課したりするような侵害的な行政作用についてのみ，法律の根拠を必要とする考え方である。

　他方で，給付行政にも法律の根拠を要求する「社会留保説」や，あらゆる行政活動に法律の根拠を要求する「全部留保説」，規制行政に当たらなくても，国民にとって本質的な事項にも法律の根拠を要求する「重要事項留保説」または「本質性理論」なども主張されている。

　それぞれの説には一長一短があるが，ポイントとなるのは，民主主義の観点からは，法律で可能な限り行政庁の活動を縛ることが望ましいのに対して，権力分立の観点からは，適切な役割分担を図るために，行政庁の活動の自由をある程度残した方が望ましいということである。この問題にも唯一の正解は存在しないことを覚えておこう。

18　憲法41条は国会が「国の唯一の立法機関である」と定めており，法を定立する権限を国会だけに委ねている。そのため，人々の権利や義務を規定するルール（法）を定めるためには，国会が法律を制定することが憲法上要請されていると解されている。また，刑事手続について定める31条や租税について定める84条も，法治主義から派生した原則であると考えられている。

（3）行政処分と義務履行確保

　規制行政の特徴は，人々に義務を課した上で，その実現を図ることにあるが，その過程を整理すると，次の三つの段階に分けることができる。

　まず，法律や法規命令を通じて人々に義務を課するという段階がある。食品衛生法でいえば，6条で病原微生物により汚染されたものの販売等が禁止されているように，個人や法人が守るべき義務がまずは示される。古物営業法第3章で定める古物商の遵守事項等や大気汚染防止法13条の「ばい煙の排出の制限」も同様である。この段階では，不特定多数の者に広く義務を課している状況であることから，義務の内容は抽象的・一般的であると言える。

　次に，これらの義務への違反が判明した場合に，違反者に行政処分を行うという段階がある。例えば，規格基準に違反して豚肉の生肉を提供した飲食店の経営者に対して，2週間の営業停止処分を命じるというように，特定の個人や法人に対して特別の義務を命じることである。この段階では，特定の者に特定の内容の義務を課しているので，義務の内容は個別的・具体的であると言える[19]。

　最後に，行政処分が遵守されない場合に，強制的に義務を実現させるという段階がある。これを「義務履行確保」と呼んでいる。行政刑罰はそのための手段の一つであるが，その他にも，行政上の秩序罰や行政代執行，強制徴収といった手段が存在する。

　義務履行確保のポイントは，強制的な権力を行使することで，人々の意思に反してでも違法な状態を是正することにある。例えば，第1章で見たように，売主の氏名等の確認を怠った古物店経営者については，懲役刑等を科すことで間接的に義務の履行を促している。

19　第12章で述べるように，義務の抽象性や個別性といった性質は，行政訴訟との関係で重要になってくる。すなわち，取消訴訟等の抗告訴訟は人々の法的地位を個別・具体的に変動させるような決定（行政処分）に対してのみ提起できるとされているのである。

　また，行政代執行では，行政庁は義務者に代わってその義務を実現できる。例えば食品衛生法では，行政庁（厚生労働大臣等）は有害な食品等の廃棄を営業者に命じることができるが（59条），この廃棄義務が履行されない場合には，行政庁が強制的に廃棄を実施できる。

　以上のように，義務履行確保とは公益を実現するための最後の手段であると言える。それだけ基本的人権を侵害する程度も強いために，他の手段がない場合にのみ許容される。また，実施に際しては慎重な手続をとる必要もあるために，実際には，行政刑罰や代執行が用いられる例はあまり多くない。この点は好ましいことであるとも言えるが，公益を十全に達成するためには，義務履行確保を積極的に用いるべきであるという主張も少なくない。

　この点はさておき，規制行政の基本は，以上の三つの段階を通じて段階的に義務を実現させることにある。法律の内容を調べる際には，義務の定立→行政処分→義務履行確保という基本構造に注意した上で，関連する条文を見つけ出そう[20]。

（4）届出・特許・認可

　規制行政に際しては，営業等の開始に際して行政庁の許可を条件とする「許可制」がとられることが多いが，その他にも，届出や特許，認可といった仕組みが用いられることもある。

　まず，届出制と呼ばれる仕組みがある。典型例としては，企業が営業等を開始する際に，その名称や構成員，事務所所在地，事業内容等を行政庁に通知することが義務付けられることである。この通知のことを

---

[20]　もちろん，この三段階構造にも様々な例外がある。例えば，中間の行政処分の段階が存在しない場合もある。この場合，定立された義務に反すると直ちに行政刑罰が科され得る。これを「直罰制」と呼ぶことがあり，その例としては，食品衛生法6条と81条1項一号の関係が挙げられる。また，（5）で説明するように，行政処分をする時間的余裕がない場合には，行政処分を経ずに直ちに義務履行確保に移る場合もある。これを「即時強制」と呼んでいる。

「届出」と呼んでおり，無届出や虚偽の届出については行政刑罰等の制裁が科されることがある。

　これは，人々の活動内容等について行政庁が情報を把握するための仕組みである。大気汚染防止法を例にすると，6条で「ばい煙発生施設の設置の届出」が義務付けられている。企業が工場等から煤煙を排出する場合，代表者の氏名や工場の所在地，排出される有害物質の量等を事前に行政庁（都道府県知事）に届け出なければならない。行政庁にとって，煤煙の発生施設をいちいち把握することは困難であるから，届出制を用いることで情報収集が図られているのである。

　許可制と届出制の違いは，行政庁の承認が必要か否か，という点にある。許可制の下では，行政庁が許可基準に即して審査を行い，承認（許可）を与えることで事業の開始が可能になるのに対して，届出制の下では，必要な情報を行政庁に通知した時点で（行政庁の審査を経ずに）事業の開始が可能になる[21]。

　次に，「特許制」（公益事業許可）と呼ばれる仕組みがある。これは許可制の一種であるが，通常の許可とは異なる特殊な条件が認められているものである。具体的には，安全や秩序の維持といった消極的な目的だけでなく，需給調整や事業の安定的継続といった積極的な目的を達成するための仕組みである。

　もっとも，特許制といっても様々なバリエーションがあるが，基本的には，①特定の事業者に独占的な事業遂行を認め，他の事業者の新規参入を排除するが，②その代わりに，経営の継続義務，契約の締結義務，約款・料金の変更制限といった強力な義務を課すという共通点がある。

　従来，電力やガス等のエネルギー供給事業や，タクシー会社や鉄道な

21　もっとも，届出がされた後に行政庁が調査を行い，是正命令等の行政処分をするといったように，届出と行政処分が接合されている仕組みもある。例えば大気汚染防止法では，6条に基づく届出がされた後に，違法に煤煙を排出させる疑いのある者に対して計画変更命令等（9条）を，現に違法な排出をしている者に対しては改善命令等（14条）を，それぞれ命じることができる。

どの運輸事業，鉱業や漁業等の生産活動，電波利用等の通信事業について，この特許制が採用されてきた。これらに共通の特徴として，国民の生活にとって不可欠であるが，比較的大規模な設備投資が必要となり，事業の安定的継続が求められることが挙げられるだろう。

　もっとも，特許制をめぐっては近年では大きな変化が見られる。確かに，特許制の下では，事業者に独占的な地位が保障されるので安定的・継続的なサービス供給が可能となる。しかし，自由競争原理が働かなくなり，経営の合理化やサービスの向上が期待できなくなるという問題もある。そこで，新規参入を認めるなど，競争を促進する種々の政策が採用されている（→第12章・第13章）。今日では，特許制は徐々に衰退していると言えるだろう。

　三つ目として「認可制」と呼ばれる仕組みがある。これは，一定の法律行為（契約等）について，行政がその内容を審査して，法律の定める基準（認可基準）が満たされる場合にのみその効力を認めることである。この承認のことを「認可」と呼んでいる。逆に言えば，認可を受けないまま法律行為をしたとしても，それは無効になる。

　そもそも，民法の「契約自由」の原則によれば，私人間の法律行為は私的自治に委ねられる。そのため，公序良俗（民法90条）に反しない限り，私人間の結んだ契約は常に有効なものとして妥当する。ところが，公益を確保する観点から，法律行為の効力を制限する必要も出てくる。その際に用いられるのが「認可制」である。

　著名な例としては，農地の売買に関する農地法3条の規定が挙げられる。農地や牧草地の売買（所有権の移転）については，当事者間で売買契約を結んだ後に，行政庁（農業委員会）が「許可」を与えて初めてその効力が発生する[22]。

　3条2項に定める認可の基準によれば，主として，売買後にも農業が

安定的に継続されることが要件となっている。1条が「国内の農業生産の増大」を目的と定めているように，認可制を用いて農地売買を制限することで農地の保全が図られているのである。

（5）即時強制

「即時強制」とは，規制行政で用いられる手段の一つであり，直接かつ即時的に権力を行使することで，公益を緊急に達成することを目的としている。正確には，「行政機関が，相手方の義務の存在を前提とせずに，人の身体または財産に実力（強制力）を加えて行政上望ましい状態を達成する」権限を意味する。

難解な定義であるので，違法駐車とレッカー移動を例にして説明しよう。道路交通法51条は「違法駐車に対する措置」として，駐車違反の車両をレッカー移動させる権限を警察官等に与えている。すなわち，違法駐車が交通の妨げとなっている場合に，車両の移動を運転手に命令することなく，即座に車両を移動させることが認められているのである。

レッカー移動は所有者の意思に反して車両を強制的に移動させることから，極めて公権力性の強いものである。しかし，所有者に命令をした後に行政刑罰や代執行を通じて移動させるだけの時間的余裕がないために，即時強制が用いられているのである。

即時強制にも法律の根拠が当然に必要であるし，緊急の必要性が認められる場合にしか許容されない。例えば，応急の救護を要する者の保護（警察官職務執行法3条）や感染症予防のための強制入院（感染症法19条），不衛生食品の廃棄（食品衛生法59条）など，幾つかの分野で導入

22　農地法3条には「許可」とあるが，これは認可制の一種であると考えられている。認可や特許といった概念は様々な法制度を分類するために考案されたものであり，実際の法律上の名称とは異なっている場合も多い。その他にも，鉄道運賃や電気の託送料金の変更についても認可が必要とされている。これらは，日常生活に不可欠なサービスであるものの，自由競争による価格引下げが期待できないことから，行政庁が認可を通じて消費者や利用者の利益を守っているのである。

されている。

4. 終わりに

　本章では，規制行政の基本的な仕組みと特徴について学んだ。規制行政は行政法の主要な部分を占めるので，この後もより詳しく学ぶことになるが，まずはその概要と具体例を掴むところから始めよう。

学習課題

1．公衆浴場法に関する具体的な基準は，2条3項と3条2項に基づき，各都道府県の「条例」という形式で定められている。自分の住んでいる都道府県の条例を調べた上で，その概要を説明しよう。
2．即時強制の例として「放置自転車の撤去」が挙げられるが，自治体ごとに条例を定めることで法的根拠を設けている。自分の住んでいる市町村の条例を調べた上で，その概要を説明しよう。

3 │ 給付行政の仕組み

《学習のポイント》 人々の生活を支援・援助するような行政作用を「給付行政」と呼ぶが，生活保護法を例にして給付行政の仕組みを学ぶ。
《キーワード》 給付行政，生存権，公の施設

生活保護世帯の大学進学に一時金支給へ

（朝日新聞デジタル版　2017年12月10日）

　生活保護を受ける世帯の子どもの大学や専門学校への進学を支援するため，政府は来年4月から入学時に一時金を支給する方針を固めた。親元を離れる場合は30万円を配る。同居を続ける場合は10万円とし，さらに生活保護費の住宅費の減額ルールをやめる。来年の通常国会に提出する生活保護法の改正案に盛り込む。

　受給世帯の大学などへの進学者は昨年度で4619人。進学率は33％で，全世帯の73％を大きく下回る。この教育格差が親から子どもへの「貧困の連鎖」を生んでいるとして，対応を求める声が広がっていた。

　一時金の名称は「新生活立ち上げ費用」。パソコンや教材のほか，一人暮らしを始める場合は生活用品などに使うことを想定する。

　また，今の生活保護制度では子どもは高校卒業後に働くことを前

提としている。大学などに進む場合は親と同居したままでも別世帯として扱う「世帯分離」が行われ，保護費が減る。……

このため政府は，進学せずに働く子どもとの公平性などから世帯分離のルール自体は残しつつ，生活保護費のうち家族の数に応じて決まる住宅費は世帯分離しても減らさないようにする。生活費の減額は続ける。現状では，進学する子どもの8割が親と同居しているとされる。

1. はじめに

本章では「給付行政」について説明するが，その典型例として生活保護法に基づく生活保護制度がある。そこで，生活保護に関する記事を参考にして，給付行政の概要と特徴について学んでいこう。

さて，この記事では生活保護世帯の大学・専門学校への進学が問題となっていることが分かるが，前提知識がないと，新制度がどのような意味を持つのか，十分理解できないかもしれない。

ポイントとなるのは，現行の生活保護制度の下では，受給世帯の子どもは高校卒業後に就職して自立することが前提とされており，大学へ進学する場合には，生活保護を受給できなくなることである。そのため，奨学金を受給するか，アルバイト等で稼ぐことで学費や生活費を賄う必要が出てくる[23]。

しかし，親の支援を受けずに自分で生計を立てて大学等に通うことが

23　図1のように，父・母・子の3人で構成される世帯を例にして説明すると，子が高校を卒業するまでは，生活保護は3人分支給される（生活保護の額は世帯人数を基準として計算されるため）。他方で，子が高校を卒業すると，就労して自立することが求められるため，生活保護は2人分しか支給されなくなる。その結果，本人だけでなく父母の生活も苦しくなるために，大学等へ進学する経済的余裕がなくなるのである。

図 1　生活保護制度の支給額

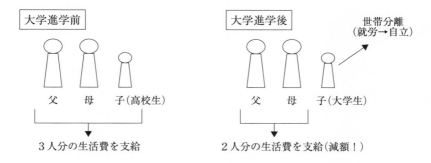

極めて困難であることは容易に理解できるだろう。そこで，この記事に
あるように，生活保護費を減額するとしても，その減額幅を小さくする
と共に，進学支援のために一時金を給付することにしたのである。

　もっとも，この程度の支援では抜本的な解決にならないことは言うま
でもない。さらに，生活保護世帯向けの奨学金を拡充したり，授業料減
免を広範に認めたりすることが不可欠となるだろう。実は，この記事の
少し後に，高等教育の無償化のための新制度が導入されることが決ま
り，2020年度から実施されるに至っている。教育格差の是正に向けて，
極めて重要な改革が成し遂げられたことを覚えておこう[24]。

　もっとも，読者の中には，なぜ低所得層に税金を原資として手厚い支
援をする必要があるのか，疑問に思う人もいるかもしれない。筆者個人
はこの新制度に賛成しているが，税金を投じる以上は，それだけの正当
化の理由が必要だと感じている。言い換えると，単なる「ばらまき」に
終わるのではなく，支援した結果として社会に相応のメリットがもたら
されることが必要になるのである。

---

[24]　簡単に説明すると，高等教育無償化の新制度は，一定の要件を満たす住民税非
　　課税世帯（生活保護世帯も含まれる）とそれに準ずる世帯の学生に対し，授業
　　料・入学金の免除・減額を認めた上で，返還不要の給付型奨学金を支給するもの
　　である。2019年10月から消費税の税率が10％に引き上げられたことに伴い，その
　　増収分を原資として支援が拡充されたのである。

　ここで考慮しなければならないのが「格差社会」，特に「教育格差」の問題である。一般に，より高度な教育を受けるほど将来の収入も増えるという相関関係が認められることから，大学進学率の違いといった教育格差は格差社会を生み出す原因の一つに当たると考えられている。

　この記事でも紹介されているように，生活保護受給世帯の子どもの大学等進学率は33％に過ぎず，平均の半分にも満たない。その大きな理由としては，経済的な困難を抱えているために，能力や学ぶ意欲があっても進学を決断できないことが挙げられるだろう。

　では，この格差をどのように捉えるべきだろうか。もし能力や努力が足りないという理由で進学できないとすれば，それは本人の責めに帰すべき事由であり，敢えて公的に支援する必要はないだろう。しかし，この進学率の格差を見る限り，生活保護受給世帯の子どもたちは本人の努力ではカバーできないほどの不利を受けていると考えるしかない。言い換えると，他の子どもたちと同じスタート地点に立てておらず，「機会の均等」が満たされていないのである。

　このような格差社会の現状は「正義」や「平等」の理念から大きく外れている，と大多数の人が思うのではないだろうか。また，能力のある子どもたちが経済的な理由で十分な教育を受けられず，その本来の能力を発揮できないのであれば，本人だけでなく社会にとっても損失であると言わざるを得ない。そこで，国や地方自治体が税金を原資としてこれらの世帯を支援することが要請されるのである[25]。

　以上のように，給付行政に関する問題の一端を見てきたが，経済的弱者に限らず，社会的弱者に対して財やサービスを提供することが給付行

---

[25]　もちろん，生活保護受給者世帯の子どもたちにどれだけ支援をするのか，というのは立法政策の問題であり，唯一の正解があるわけではない。日本においても，これまで大学進学に関する支援は十分なものではなかったし，十数年前には，いわゆる「小泉改革」を受けて，社会保障等の給付行政を削減する改革が実行された。しかし，社会状況や国民意識の変化に伴い，格差社会への対応が強く求められた結果，新しい制度が導入されたのである。

政の本質であり，富を再分配して平等の理念を実現するために重要な役割を果たしている。生活保護の他にも，老齢年金，医療保険，公教育，高齢者福祉，障害者福祉，インフラ整備（上下水道・道路等），廃棄物処理，公共交通など，多様な制度がある。

　これらを内容に即して分類すると，①上下水道供給や道路整備，公共交通網の整備などのライフラインの提供，②公教育や高齢者介護，廃棄物処理などの公的サービスの提供，③生活保護や年金，各種の補助金の支給などの金銭の譲与・貸与に分けられる。給付の目的や内容が異なるとはいえ，適用される法的ルールの基本は共通していることから，以下では，生活保護法を例にして基本ルールを学んでいこう。

2.　生活保護法の概要

　この記事からも分かるように，生活保護制度も極めて複雑であるので，まずは基本的な仕組みを押さえることから始めよう。

　簡単に言えば，生活に困窮した者，言い換えると，病気やケガで働くことができなくなったり（「稼働能力の喪失」という），貯金等が尽きたりして衣食住の費用を賄えなくなった者に，国や地方自治体が生活費を支給する制度である。その原資には税金が用いられているので，高所得者層から低所得者層へ富を再配分する機能も有している。

　近年では，生活保護の不正受給といったニュースが散見されるので，生活保護にあまり良くないイメージを抱いている読者もいるかもしれない。確かに，自分で生活費を稼いで貯金をして，生活保護に頼らない生活を送るのが理想であろう。しかし，色々な理由から生活に困窮してしまう人も少なくないし，このような事態は誰にでも起こり得ることである。そこで，社会全体で生活困窮者を支援する仕組み（これを「セーフティ・ネット」と呼ぶ）として生活保護が存在するのである[26]。

　まず，生活保護を必要とする者は行政庁（市長や都道府県知事）に申請を行い，行政庁は審査を実施して支給の可否を決定する。その際，申請者の稼働能力や資産，親族関係等に関する調査も実施される。支給が決定されると，一定の計算式に即して，地方自治体が申請者に必要な生活費を支給する。

　ポイントとなるのは，生活保護があくまで最後の手段としての性格を有することである。生活保護法４条は「補足性」の原則について定めており，受給者には「その利用し得る資産，能力その他あらゆるもの」を活用することが求められている。これは，少しでも働くことができる人は働いて生活費を稼ぐ，貯金を持っている人はその貯金を取り崩す，援助してくれる親族がいる場合にはその親族から援助を受ける，といった努力をした上で，それでも生活費が足りない場合に生活保護を受給できることを意味している。

　また，支給額については，３条が「健康で文化的な生活水準を維持することができる」という原則を示した上で，８条がより具体的な指針を定めている。これを受けて，国（厚生労働省）が統計調査等に基づき，年齢や性別，世帯構成，居住地域などを考慮して支給基準を決めている。

　先に触れたように，世帯人数が多ければ，それだけ必要な生活費が増えるし，都市と地方では物価（特に住居費）が大きく異なっている。そこで，個別事情を踏まえて支給基準が設定されているのである。

26　若干の数値を挙げれば，2019年10月時点での生活保護受給者数は約207万人であり，近年は減少傾向にある。受給者の約半数（49.1％）は65歳以上の者であり，高齢者が占める割合が増加しつつある。これは，高齢化が進み，老齢年金や貯金だけでは生活できない高齢者が増えているためである。また，生活保護費に用いられる国の予算（生活保護負担金）は2019年度で約２兆9000億円であり，この他にも約１兆円を地方自治体が負担している。
　参考：厚生労働省「第４　生活保護制度について（保護課，自立推進・指導監査室）」
　https://www.mhlw.go.jp/topics/2020/01/dl/9_shakaiengo-03.pdf

　次に，支給の内容としては，生活扶助，住宅扶助，教育扶助，医療扶助などがあり，衣食住や医療費，教育費の他，娯楽に関する費用等も支給されている。この中でも，特に支給規模が大きいのが医療扶助であり，財政を圧迫しているとの批判がある[27]。

　さて，法律と行政立法（政省令・通達）との関係については第2章で学んだが，生活保護に関する法体系も同様の仕組みになっている。すなわち，生活保護法は基本的な原則を定めるだけであり，誰にどれだけの支給をするか，といった細かい基準を置いていない。これらは厚生労働省が「通知」という形式で定めており，具体的には，「生活保護法による保護の実施要領について（昭和38年4月1日）（社発第246号）」等の通知がこれに当たる[28]。とても長い通知であり，生活保護の支給基準や手続等が細かく定められているのが特徴である。

　以上のように，生活保護支給の要件と金額については，法律や通知等で基準が定められていて，行政庁（知事や市長）はこの基準に即して支給を実施する。しかし，問題となるのが，要件に該当しないといった理由で行政庁が支給を拒否し，申請者がこれに異議を唱える場合である。

　稼働能力の喪失について言えば，うつ病等の精神的な病が原因で働けなくなったと申請者が主張しても，病気の程度を行政庁が評価した結果，働くことに支障はないとして生活保護の支給を認めない，といった例が挙げられる。そうすると，この評価が正しいか否か，当事者間で争いが起きるのである。

27　生活保護の受給者については，医療にかかる費用はすべて生活保護から支払われるので（「医療扶助」という），自己負担なしで医療を受けることができる。そのため，本来必要のない医療を受けているのではないか，といった批判が起きており，国（厚生労働省）も医療扶助削減のための施策を打ち出している。

28　「通知」とは行政立法の一種である行政規則に当たる。先に触れたように，行政規則は人々を法的に拘束する外部効果を有しないものの，行政内部では下級行政機関を拘束する内部効果を持っている（→第7章）。生活保護については，厚生労働省の定める通知が地方自治体の行政庁（知事や市長）を拘束するので，これらの行政庁は通知に即して事務を処理しなければならない。

　実際，稼働能力等の評価には難しい判断が求められるため，生活保護の支給をめぐる不服申立てや行政訴訟が数多く提起されている。具体的には，申請が拒否された場合（「却下決定」という），申請者は審査請求や取消訴訟といった救済手段を利用することができる[29]。例えば，却下決定に対する取消訴訟を提起すると，裁判所がその適法性を審査して，もし違法であれば（申請者が生活保護を受給できる資格を有するのであれば），却下決定を取り消して行政庁に再考を要求するのである。

　関連して，行政機関の定める基準が憲法に適合するか否か，という問題もある。生活保護法1条の目的規定が掲げるように，生活保護は憲法25条の定める「生存権」（健康で文化的な最低限度の生活を営む権利）を保障するための制度である。そのため，国会や厚生労働省が定めた給付水準が過度に低い場合には，憲法に違反するおそれが出てくる。

　さて，冒頭で紹介した記事に戻ると，支給額の増額が問題となっていることから，支給基準に関わる改正であることが分かる。ただ，法律それ自体も改正されているのがポイントである。従来の原則では修学支援は高校生までであったことから，法律を改正して原則が一部修正されたのである[30]。

29　「審査請求」とは行政不服審査法に基づく権利救済であり，行政庁が自ら決定の妥当性・適法性を審査する仕組みである。また，「取消訴訟」とは行政訴訟の一種であり，裁判所が決定の適法性を審査して，必要に応じて行政庁に是正を求める仕組みである。これらの救済手段の詳細については後に説明する（→第10章・第11章）。

30　具体的には，10条（世帯単位の原則）に2項として以下の規定が追記された。「前項［10条1項］の規定の運用に当たつては，要保護者の世帯の自立の助長を図るため，その世帯に属する子どもが世帯を単位とする保護を受けつつ高等学校，大学，高等専門学校，専修学校等に就学することができるよう配慮しなければならない」。若干難しい規定であるが，要するに，受給世帯の子どもが大学や高等専門学校に進学しても生活保護による支援を継続する，という趣旨である。

3．給付行政の特徴と仕組み

（1）規制行政と法的統制

　これまで見てきたように，規制行政の場合と同様，給付行政にも様々な法的ルールが存在する。給付行政は財・サービスを提供するものであるから，規制行政とは異なり，人々の権利を制限したり，義務を課したりするわけではない。その意味では，給付行政を法的に統制する必要は乏しいと思われるかもしれない。

　しかし，今日の福祉国家では，人々が給付行政に強く依存しているので，行政庁の恣意によって給付が制限されると自由の前提条件である衣・食・住の満足が失われてしまう。例えば，地方自治体が合理的な理由なく上水道の供給を拒否すれば，生活がたちまち成り立たなくなってしまう（上水道を利用できない生活がどれだけ苛酷かは，災害後の避難生活の状況を見れば理解できるだろう）。また，上水道を供給するとしても，水道料金を過度に高く設定すると，これもまた生活に支障が生じてしまう。他にも，一旦生活保護の支給を開始した後に行政庁が合理的な理由なく支給を停止すると，受給者の生存が脅かされる事態となる。

　次に，国会が法律を改正して，必要な給付やサービスを大幅に減らしてしまうこともあり得る。給付行政は多かれ少なかれ財政支出を必要とするので，特に少子高齢化が進んでいる近年では，給付行政の水準を維持するためには，税金を増やしたり，他の支出を減らしたりする必要が出てくる。そのため，給付行政を縮小することが重要な政治テーマとなっているのである。

　そこで，給付行政に関しても，憲法や法律による統制が必要となってくる。先に述べた憲法25条と生活保護法の関係は，国会が恣意的に給付水準を下げないための歯止めであると言える。また，生活保護法の定め

る原則は行政庁の判断を拘束することから，行政庁が恣意的に給付を拒否することを防いでいる。言い換えると，給付行政に関しても「法律による行政の原理」が妥当し，行政庁は法律の定めるところに従い適切な給付を実現しなければならないのである。

（2）行政法の一般法原則

　「行政法の一般法原則」とは，法律の規定にかかわらず行政活動全般に当然に適用される法原則を意味する（→第5章）。別の言い方をすると，憲法や慣習，社会通念（「条理」という）から導かれる法原則であり，規制行政であれ，給付行政であれ，行政庁は当然にこれらに従わなければならない。この一般法原則には，比例原則や平等原則，信義則，権利濫用の禁止，適正手続の原則などがあるが，以下，特に給付行政に関わる原則を取り上げよう。

　まず，平等原則であれば，行政庁は給付の際に合理的な理由なく差別を行ってはならない。例えば，正当な理由がないにもかかわらず特定の者に給付を拒んだり，給付の条件を変えたりすることは平等原則に抵触すると解される。

　もっとも，平等原則の下では，「合理的な理由」または「正当の理由」があれば給付に差を設けることも許容される。冒頭で紹介した「新生活立ち上げ費用」も，大学等への進学を促進して教育格差を是正するという正当な理由が認められるために，平等原則に反しないのである。

　次に，比例原則について言えば，受給者の状況に応じて必要な量の給付が確保されているかが問題となる。例えば，筋萎縮性側索硬化症（ALS）の患者に「障害者の日常生活及び社会生活を総合的に支援するための法律（障害者総合支援法）」に基づく重度訪問介護を提供する場合，その病状に応じた十分な介護サービスの支給が要請される。重症の

ALS 患者になると 1 日24時間の常時介護が必要になるため，行政庁が必要量を提供しない場合には違法の評価を受けるのである。

　また，給付を停止したり，減らしたりする場合にも比例原則が適用される。しばしば問題となるのは，生活保護の受給者が遵守事項を守らなかった場合に，支給を廃止することができるかという点である[31]。この場合にも，相応に重大な違反がなければ，生活保護の廃止といった厳しい処分をすることは許されないと解されている。

　その他，給付行政で特に問題となる一般法原則として「信義則」が挙げられる。これは，行政機関が一定の公的見解を表明して，人々がそれを信頼して行動した場合に，行政機関はその信頼を裏切ってはいけないという原則を意味する（民法 1 条 2 項）。

　例えば，太陽光発電を促進するために，ソーラーパネルを設置した企業に地方自治体が補助金の支給を約束した，という例で考えてみよう。企業がこの補助制度を信頼してソーラーパネルを設置した後に，特に合理的な理由なく補助金の支給を打ち切ったとすれば，それは当該企業の信頼を裏切って違法に損害を与えたと評価され得る。そのため，信義則が適用されて，当該自治体は企業の受けた損害を賠償しなければならないと解されるのである。

（3）法律の留保と給付行政

　生活保護法のように社会保障に関わる給付では，予め法律によって受給者の範囲や条件が定められる場合が多い。給付行政にも「法律による行政の原理」（→第 2 章）が妥当するので，法律や政省令が定められている場合には，行政庁はこれらの法規範に即して決定しなければならない。そして，法令への違反が疑われる場合には，受給者は行政訴訟を提

31　生活保護受給者は，生活保護法60条に基づき勤労や節約に努める義務を負っており，さらに27条 1 項に基づく行政庁の「指示」に従わなければならない。そして，この指示に従わない場合には，生活保護の減額や停止，廃止といったペナルティを受ける場合があるが，その際に比例原則が適用されるのである。

48

起してその違反を是正できる。この点は既に説明した通りである[32]。

　これに対して，補助金等の給付については，法律ではなく，行政規則の一種である「要綱」によって条件等が定められていることが多い。法律の留保について侵害留保説の立場をとると，人々の権利・自由を侵害する場合には法律の根拠が求められるが，給付行政はこれに当たらないからである（もちろん，社会留保説や全部留保説をとると，給付行政にも法律の根拠が必要となるが，実務や判例ではこれらの説は否定されている）。ただし，給付行政は公金の支出を伴うことから，別に国会や地方議会による予算の承認が必要となる。その限りで行政庁は議会の統制を受けるので，完全なフリーハンドを有するわけではない。

（4）給付決定─行政処分と契約

　生活保護法における開始決定・却下決定のように，人々が給付を受ける際には，予め申請をした上で行政庁の審査を受ける必要がある。申請を受けた行政庁は，申請者が受給要件を満たすか否かを判定して，要件が満たされる場合には，受給者としての地位を付与する。

　より詳しく見ると，これには二つの種類がある。①行政処分によって地位が付与される場合と，②契約によって地位が付与される場合である。もちろん，どちらの場合でも，行政庁が法令等に即して決定しなければならないことには変わりはない。ただ，後に述べるように（→第11章），決定を争う際の訴訟形式が異なってくる。すなわち，行政処分に当たるものについては抗告訴訟で，契約に当たるものについては民事訴訟ないし当事者訴訟で，それぞれ争うことになるのである。

32　法律で「受給権（給付を受ける権利）」が承認されている場合，裁判を提起してその実現を求めることができると解されている。例えば，生活保護法12条は，「困窮のため最低限度の生活を維持できない者」について生活扶助の受給権を付与していると解される。他方で，法律の根拠なくして実施される給付については，人々に受給権は認められないというのが原則である。もっとも，この原則にも例外があり，法律によらない給付についても，行政訴訟を提起して給付を求めることができる場合がある。

　例えば，生活保護法24条３項に基づく決定（開始決定・却下決定）は行政処分に当たると解されており，申請者がこれに不服を有する場合には，処分に対する取消訴訟を提起することができる。

　他方で，上水道の供給については，供給を希望する者が行政庁に契約を申し込み，行政庁は，正当な理由のない限り，これを承諾して契約を締結しなければならない（水道法15条１項）[33]。この上水道供給は契約に基づくものであるために，契約締結が拒否された場合には，契約上の地位確認の訴え等の当事者訴訟を提起することになる。

（5）公物使用

　最後に「施設」の提供に関する給付行政（「公物使用」と呼ぶ）について説明しよう。「公物」とは行政法の専門用語の一つであり，「国または地方公共団体により一定の公の目的に供されている有体物」と定義される。要するに，広く人々のために提供される公共の建物や土地等のことである。さらに，公物は，道路・河川・海浜・公園のように一般の人々に提供される「公共用物」と，庁舎・国公立学校校舎のように主として行政目的で使用される「公用物」の二つに分かれる。

　公共用物の利用には，一方で，①道路を自動車で走行したり，公園でピクニックをしたりするといった非排他的な利用がある。これは他の人々の利用を妨げるものではないために，特に行政庁の許可を得ることなく認められる。他方で，②道路に電柱を立てたり，公園で集会を開いたりすることは，他の人々の利用を妨げる排他的な利用であることから，行政庁から許可を得た場合にのみ許される。これを「公物の特許使用」と呼ぶ[34]。

　もちろん，公物が国民の共通財産である以上，その利用は公正かつ平

33　本来，契約を締結する場合には，契約を締結するか否かも含めて当事者が自由に決めることができる（「契約自由の原則」という）。しかし，水道法のように，給付行政に関しては，契約自由の原則が修正されて行政庁に契約締結義務が課せられている場合が多い。

等に認められなければならない。また，行政法の一般法原則も適用される。そのため，正当の理由がないのに公物の利用を拒絶したり，一部の者だけを不利に取り扱ったりすることは許されない。

4. 終わりに

　本章では，給付行政の仕組みについて学んだ。規制行政と比べると，給付行政が基本的人権を侵害する程度は小さいように見えるかもしれないが，実際には，人々の生活は国や地方自治体が提供する公的サービス等に大きく依存しているために，給付行政に対する法的統制が必要になってくるのである。今日の福祉国家における給付行政の重要性を確認しておこう。

学習課題

1．給付行政の中でも重要なものとして，高齢者への介護サービスの提供がある。介護保険法の基本的な仕組みを，下記のHP（厚生労働省作成の資料）に基づきまとめよう。
「公的介護保険制度の現状と今後の役割　平成30年度」
https : //www.mhlw.go.jp/content/0000213177.pdf
2．生活保護の受給者には自動車の保有が認められないのが原則であるが，例外的に認められる場合がある。その要件について調べた上で，このような自動車の保有制限の妥当性について考えてみよう。

34　逆に言えば，許可を得ないまま公物を排他的・独占的に使用することは許されず，強制執行や刑罰の対象となる。例えば，歩道にはみ出して自動販売機を設置することや，路上生活者が地下道を占拠することは，公物の本来の機能を妨げるものであるから，行政庁はこれらを強制的に撤去・退去させることができる。なお，公用物については，一般の人々に提供することは予定されていないが，公共財産の有効利用という関連から，例外的に一般の人々の利用が認められる場合がある。例えば，公立学校の校舎や校庭を休日に住民に開放したりすることが挙げられる。

4 | その他の行政の仕組み

《**学習のポイント**》 規制行政や給付行政には当てはまらないが，重要性の高い行政作用もある。土地収用法や情報公開法を例にしてその仕組みを学ぶ。
《**キーワード**》 調達行政，誘導行政，情報公開，土地収用，公文書管理

三陸沿岸道路　建設予定地で行政代執行
県　明け渡し進展せず決断＝岩手

（読売新聞　2018年7月11日　東京朝刊一部改変）

　釜石市定内町（さだないちょう）の三陸沿岸道路の建設予定地で，10日土地収用法に基づく行政代執行が始まった。県は土地・建物の所有者2人と明け渡しの交渉を続けてきたが，進展はなかったとしている。このままでは工事のスケジュールに影響を及ぼすことから，明け渡し期限から4か月余りが経過した末に決断した。

　現場は釜石中央インターチェンジ（IC，仮称）から約1キロ大船渡寄りの地点。現在は所有者の同意が得られず，約50メートルの区間が未着工のままだ。国と県は，現場を含む釜石ジャンクション（仮称）―吉浜 IC 間を今年度中に完成させたい考えだが，7月末までに土地収用が完了しないと間に合わない可能性があるという。

　この日は，県職員が対象となった住宅に立ち入り，自主退去を求

めた。住人の男性が「手段が違うだろ」などと大声を上げて拒んだ
ため，住宅から家具の一部を運び出すなどした。
　県によると，代執行による建物解体や整地などの作業は２週間程
度かかる見込み。このまま膠着状態が続けば，数日後には強制退去
の手段に出るという。

1. はじめに

　本章で取り上げるのは土地収用の問題である。この記事にあるよう
に，新しい道路を建設する際には，事業の実施主体（以下「起業者」と
いう）が土地・建物をその所有者（以下「地権者」という）から強制的
に買収する必要が出てくる。これが「土地収用（公用収用）」である。
もちろん，後で説明するように，強制的に買収するとはいえ，正当な価
格を地権者に支払わなければならないことは当然である。
　その他にも，国や地方自治体が様々な政策を実現する過程で資金や土
地・物品等を獲得する場合があるが，これらを「調達行政」と呼ぶこと
がある。分かりやすい例として，税金の徴収や物品の購入が挙げられる
が，本章では土地・建物の取得・利用に関する仕組みを学んでいこう。
　さて，記事に出てくる「三陸沿岸道路」とは，東北の三陸地方を南北
に結ぶ高速道路である。元々，三陸地方には交通が不便なところが多
く，東日本大震災からの復興を妨げる要因の一つであった。そこで，復
興事業の一環として道路建設が進められたのである。
　いわゆる「高速道路」のような高速走行が可能な自動車専用道路のこ
とを「高規格幹線道路」と呼んでいるが，その整備によって交通の便が
飛躍的に改善され，地域の経済に様々なメリットが生じる。そのため，

国や地方自治体にとって高速道路の整備は重要な政策課題となるが，広大な土地の収用が必要となるために，地権者の協力を得ることができない場合も出てくる。

　すなわち，一般に，道路建設等のために土地等を買収する際には，起業者（国や地方自治体の場合が多い）が地権者と交渉を重ね，その同意を得た上で売買契約を締結するという方法がとられる。これを「任意買収」と呼ぶ。この記事でも，「明け渡しの交渉を続けてきた」と説明されているが，起業者である「国」が事業の必要性を説明した上で価格等の条件を提示し，土地等の売却を求めたのである。

　地権者が売却に同意すると，地権者との間で売買契約が締結され，代金と交換に所有権は起業者に移ることになる。この売買契約は民法に基づくものであり，基本的には私人間の土地売買と変わるものではない。そうして初めて道路の建設に着手できるのである。

　しかし，問題となるのが地権者の同意が得られない場合である。条件面で折り合いがつかない場合もあるし，感情的な反発で拒否されることもある。もちろん，民法の下では「契約自由の原則」（→第3章）が妥当するので，売買契約を結ばない自由も地権者には認められる。その意味では，売却を拒否したとしても非難されるべき筋合いのものではない。

　しかし，公益の観点からは，ごく少数の地権者の反対で道路建設が頓挫してしまうのは問題である。そこで，地権者の財産権（土地等を使用する権利）を制限し，公益のために使用する必要が出てくる。

　憲法も，このような事態に備えて私的所有権に制限をかけている。すなわち，憲法29条は「財産権は，これを侵してはならない」としつつも（1項），公共の福祉を理由とした法律による制限も認めているし（2項），さらに，「正当な補償」を払うことを条件に，私有財産を「公共

のために」用いることも認めている（3項）。これを「損失補償」と呼んでいる（→第14章）。

　この憲法29条の規定を受けて，土地収用法は強制的に土地を収用する権限を行政庁に認めている。もちろん，財産権に配慮して土地収用の要件や手続が厳格に定められているため，行政庁が安易に収用手続を用いることは許されない。

　要件や手続の詳細については2で学ぶが，ポイントとなるのは，最終的には「行政代執行」という権力的な手段によって，建物の破壊や動産の運び出し等が実施されることである。本来，土地・建物の明渡しは地権者が自ら為すべき義務であるが，その義務を怠っている場合，行政代執行法に基づき行政庁が代わりに義務を実現できる。この事例でも行政代執行が用いられたのである[35]。

　しかし，行政代執行によって強制的に建物等が破壊されるというのは，かなり重大な基本的人権の侵害であるように思われる。住み慣れた建物が壊されるというのは，財産権の侵害に当たるだけでなく，引越しの手間や思い出の喪失といった精神的な苦痛をもたらすものでもある。いくら公益のためとはいえ，土地収用に対する世論の評価は必ずしも芳しいものではない。

　そのためか，近年の道路建設では，特に都市部においては長大なトンネルを掘ることで土地収用を極力実施しないようにしている[36]。トンネ

---

[35]　この釜石市の行政代執行の事例については，国土交通省東北地方整備局の下記レポートが参考になる。行政代執行を担当する公務員にも様々な苦労があることが分かるだろう。基本的人権の尊重と公益の実現とを調和させるために，細心の配慮がされているのである。
「復興道路（三陸沿岸道路）における行政代執行について」
http://www.thr.mlit.go.jp/bumon/b00097/k00360/happyoukai/R1/list%206/6-15.pdf
[36]　もっとも，厳密に言えば，所有権は土地の地下部分にも及ぶので，地下にトンネルを掘る際にも土地収用法に基づき「公用使用」の手続をとる必要がある。しかし，概ね深さ40m以下の「大深度地下」については，「大深度地下の公共的使用に関する特別措置法」による例外が設けられていて，土地使用の条件がかなり緩和されている。

ル掘削技術の進歩もあって建設費用が大幅に低下したことから，土地収用のコストをかけるよりも効率的だからである。

　道路建設といった公共事業の実施と財産権の保障のどちらを優先させるのか，これも正解のない難しい問題である。道路を整備すれば渋滞の解消や物流の効率化が期待できるので，多くの人々にとってメリットになることは間違いない。しかし，そのための負担が地権者等のごく一部の者に集中することも忘れてはならないだろう。憲法29条3項の定める「正当な補償（損失補償）」とは，このような「特別の犠牲」に対して認められるものであり，これにより金銭的な損害は回復されるが，それでも，地権者等が受ける不利益が完全に解消されるわけではない。公共事業の必要性について，常に慎重な検討が求められる所以である[37]。

2.　土地収用と行政代執行の仕組み

　ここでは，土地収用と行政代執行の仕組みについてより詳しく学んでいこう。

（1）土地収用法

　1で説明したように，公共事業等のために人々の土地を強制的に用いることは，財産権に対する重大な侵害に当たるため，法律の根拠が必要となるが，その法律が「土地収用法」である。なお，土地利用については，所有権それ自体を完全に移転させることを「公用収用」と，土地の一部に利用権を設定することを「公用使用」と，それぞれ呼んでいる。先に述べたように，地下にトンネルを掘ったり，空中に高圧線を通したりする場合には，土地の使用権を設定する必要があるため，後者の公用

37　なお，関係当事者の尽力もあって，三陸沿岸道路の吉浜釜石道路は2019年3月9日に全線開通した。行政代執行が迅速に行われて公共事業がスムーズに完成することで，経費の削減や利便性の拡大が期待できる。公共事業の必要性について慎重に判断した上で，真に必要な公共事業であれば行政代執行を適時に用いることが望ましいだろう。

使用が用いられる。

　土地収用法3条では，土地収用を用いることができる公共事業等として数十種類の事業が挙げられている（「収用適格事業」と呼ぶ）。道路の他，河川堤防，農業用水路，鉄道，飛行場，電波塔，公園など，公益上必要となる施設が網羅されている。また，都市計画法に定める都市計画事業についても，土地収用を用いることが認められている（都市計画法69条）。

　先に説明したように，これらの収用適格事業を実施する主体のことを「起業者」と呼ぶ（8条1項）。記事のように国道を建設する場合には「国」が，私鉄の東武鉄道が新線を建設する際には「東武鉄道」が，それぞれ起業者となる。ポイントは，国や地方自治体といった行政主体だけでなく，鉄道事業者といった民間企業も，公益的な事業を行っている限りは起業者となって土地収用を実施できることである。

　もっとも，実際に土地収用を行う際には，厳しい要件と複雑な手続のハードルを越えなければならない。

　まず，起業者が行政庁（国土交通大臣等）に申請して，行政庁は事業の公益性を審査した上で土地収用の必要性について決定する。これを「事業認定」と呼ぶ（16条以下）。本件のように国が建設している高速道路であれば，国土交通大臣が事業認定の権限を有する。

　この事業認定には以下の要件が定められている（20条）。すなわち，①起業者に十分な意思と能力があること，②土地の適正かつ合理的な利用に寄与すること，③公益上の必要があること，の全てが満たされなければならないのである[38]。

　分かりやすく言うと，まず，①起業者が事業を遂行するだけの十分な資金と技術を有していることが求められる。実現可能性が乏しいのであ

---

[38]　土地収用をめぐる行政訴訟では，これら三要件の該当性が争われることが多いが，特に，「適正かつ合理的」の要件が問題となる。著名な判例としては，道路拡幅のために杉の巨木を伐採することの適法性が争われた日光太郎杉事件（東京高判昭和48年7月13日）が挙げられる。

れば，収用された土地が無駄になってしまうことから，事業認定は認められない。

　次に，②については，「得られる公共の利益」と「失われる利益」と比較衡量することが求められる。例えば，渋滞を解消するためにバイパス道路を建設する過程で，森林が過剰に伐採されて環境が著しく破壊されるのであれば，それは「適正かつ合理的」とは言えないだろう。また，深刻な騒音や排気ガスによって沿線住民の健康が害されたりする場合も同様であろう。

　他にも，③土地収用が正当化されるだけの公益性が求められる。必要性の乏しい道路を造ることや必要以上の広大な土地を収用することは，この要件を満たさないことになる。

　また，事業認定を受けたとしても，直ちに土地を収用できるわけではない。次の段階として，起業者は収用対象の土地につき行政庁（収用委員会）に「収用裁決」を申請しなければならない。この手続は二段階に分かれている。

　まず，収用委員会は，損失補償額や権利移転の時期，収用される土地の範囲を定めた上で，地権者に対して土地等の所有権を起業者に移転することを命じる。これを「権利取得裁決」と呼ぶ（48条）。次に，土地に建物や工作物が存在する場合には，収用委員会は明渡しの期限を定めて地権者に土地を明け渡すことを命じる。これが「明渡裁決」である（49条）。

　かなり複雑な制度であるが，権利取得裁決により土地・建物の所有権は起業者に移るものの，従前の地権者がそのまま居座っている場合がある。その場合には，さらに明渡裁決により明渡しが命じられるのである（両裁決が同時にされることもある）。

　しかし，この岩手県の事例のように，なお地権者が明渡しに応じない

ことがある。1でも説明したように、その場合には行政代執行が用いられるが、詳細については（3）で説明しよう。

（2）収用裁決と収用委員会

　以上のように、土地収用に際しては、事業認定を経て収用裁決を行うという二段階の手続がとられている。人々の財産権を保護するために、段階化された慎重な手続になっているのが特徴であり、三陸沿岸道路の場合にも、記事には載っていないが、事業認定や明渡裁決の手続を経て土地収用が進められたのである。

　特に注目に値するのが、事業認定と収用裁決を担う行政庁の違いである。すなわち、事業認定は国土交通大臣または都道府県知事が行うのに対して、収用裁決の権限は「収用委員会」という行政機関に委ねられている。なぜこのような仕組みになっているのだろうか。

　実は、収用委員会とは都道府県に置かれた特別の行政機関であり、7人の収用委員から構成される合議体の組織である（通常、その意思決定は委員の多数決によって行われる）。収用委員会には特別の独立性が認められていて、知事であっても、その職務に関して指揮命令を発することは許されない（51条2項）。

　また、収用委員会の委員は、「法律、経済又は行政に関して優れた経験と知識を有し、公共の福祉に関し公正な判断をすることができる者」の中から、議会の同意を得て知事が任命する（52条3項）。任期は3年であり、罷免権の制限など、強い身分保障がある。

　詳細については行政組織法や地方自治法で学ぶが、収用委員会のように、特別の必要性に基づき、大臣や知事・市長等から独立して職権を行使する行政機関—行政委員会—が置かれることがある[39]。科学的専門性

---

[39]　地方自治体であれば、収用委員会の他にも、警察組織を管理する「（都道府県）公安委員会」や公立学校等の教育事務を司る「教育委員会」などがある。国の場合には、原子力発電所の安全性等を審査する「原子力規制委員会」や、経済分野における健全で自由な競争を確保する「公正取引委員会」などがある。

図2　土地収用の手続と行政庁

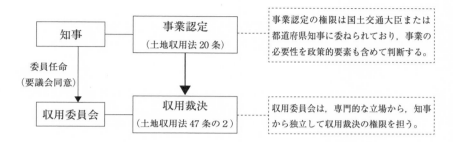

や政治的中立性が求められる行政事務は，政治の影響を受けやすい大臣や知事等ではなく，独立性を有する機関に委ねた方が合理的な判断が期待できるからである。

　土地収用についても，財産権に対する強力な侵害であることから，政治家が私利私欲のため土地収用を濫用しないよう，その決定をできる限り中立・公正なものにする必要がある。また，土地収用の必要性や補償価格を算定する際には，専門家の知見も不可欠となる。そこで土地収用法は，収用委員会を設置した上で，収用裁決の権限を（知事ではなく）収用委員会に委ねているのである（図2参照）。

（3）行政代執行

　既に触れたように，行政代執行とは，義務者（義務を課せられた者）が義務を履行しないときに，行政庁が自ら義務者の為すべき行為を行うこと，または第三者にこれを行わせることである。その際に要した費用は義務者から強制的に徴収されるが，義務者が負担できない場合には，結局は税金で負担することになる。

　具体例としては，この事例のように収用された建物等を破壊すること

や，不法投棄されたゴミ・廃棄物を撤去すること，河川に不法係留された船を撤去すること等が挙げられる。また，近年では，空き家対策等特別措置法に基づき，周辺に害を及ぼすような空き家を撤去する際にも用いられている[40]。

　行政代執行に関する一般法として行政代執行法があり，代執行の手続や要件はこの法律で定められている。まず代執行の要件として，①法律や行政処分により命じられた行為が履行されないこと（義務の不履行），②他の手段による履行確保が困難であること，③義務の不履行を放置することが著しく公益に反すること，の三つが挙げられている（2条）。

　次に，手続的要件として，④予め義務者に「戒告」をした上で，⑤代執行の時期・責任者等を記載した代執行令書を通知することが求められている（3条）。

　②と③の要件は比例原則を具体化したものに当たる（→第5章）。行政代執行は非常に強力な手段であるため，公益が著しく害され，かつ他の手段では義務を実現できない場合にのみ発動が許されるのである。また，④と⑤の要件のように，適正手続の理念に基づき，不意打ちとならないように事前に告知することも要求されている。

　若干難しい問題として，違法な行政処分によって義務が課せられた場

40　理論的には，様々な義務に行政代執行を用いることができるものの，実際には，土地収用や不法投棄，空き家対策といった一部の行政分野でしか用いられていない。これは，義務の不履行が「著しく公益に反する」場合にしか発動できない上に，手続コスト等で行政庁に重い負担をかけることから，行政代執行が忌避されることもあるからである。
　その中でも，代執行の実例が比較的多いのは，産業廃棄物の不法投棄に対する措置である。不法投棄された廃棄物については，行政庁が「廃棄物の処理及び清掃に関する法律」（「廃掃法」と略される）に基づき撤去命令を投棄者に発するが，この措置命令が守られない場合に代執行により撤去が行われる。産業廃棄物が放置されると健康被害等の重大な損害が起きるおそれもあることから，代執行が必要とされるのである。もっとも，不法投棄に及ぶような事業者は無資力であることが多い上に，撤去には膨大な費用がかかるために，その費用を税金で負担せざるを得ない場合も多い。

合に，行政代執行を実施できるか否かという点がある。今回の事例で言えば，仮に事業認定や収用裁決に違法性が認められるとしても，行政庁は代執行を実施できるのだろうか。

　常識的には，元の行政処分が違法であるならば，代執行も当然に違法になると考えられるが，行政法の下では特殊なルールが適用されることに注意しなければならない。これが「行政処分の公定力」ないし「取消訴訟の排他的管轄」である（→第9章・第11章）。

　簡単に言えば，違法な行政処分であっても，取消訴訟等を通じて取り消されない限りは有効であり続けるため，それに引き続く代執行も適法かつ有効になると解されている。そのため，義務者としては，代執行を避けるためには，予め行政処分に対する取消訴訟を提起しなければならないのである[41]。

　もう一つ重要なポイントとして，代執行は代替可能な義務にしか適用できない。例えば，工場の操業禁止等の不作為義務や，作為義務であっても，その性質上義務者だけが実現できるものは，代替不可能であるため代執行の対象にならない。

　また，「直接強制」とは異なり，義務者の身体に直接に強制を加えることも許されない。例えば，この記事のような建物の明渡しに際して，建物内に居座る義務者を無理やり引きずり出すこと（強制退去）は代執行の限界を超えると解されている[42]。そのため，義務者が代執行に妨害を加える場合には，警察官を帯同させ，刑法の不退去罪（130条）や公務執行妨害罪（95条1項）で現行犯逮捕するという方法がとられることがある。

41　この公定力の例外として，行政処分に無効の瑕疵がある場合には，無効等確認訴訟を提起して代執行を阻止することができる。また，代執行それ自体に固有の違法性が認められる場合にも，代執行の「戒告」に対する取消訴訟を提起して代執行を止めることが可能である。

42　記事で説明されているように，県職員はあくまで「自主退去」を求めただけであり，直ちに強制退去を実施しなかった。これは，行政代執行の限界を十分に認識していたからである。

　以上のように，現行法の下では，行政代執行には様々な制約が存在するために，実効的な義務履行確保を達成できていないと批判されることもある。もちろん，基本的人権の尊重が疎かにされてはならないが，行政機関の人的・時間的資源が限られている中，より効果的な義務履行確保手段が求められていると言えるだろう。

3. 誘導行政

　規制行政とも給付行政とも異なる若干特別な行政作用として「誘導行政」がある。誘導行政とは，行政庁が直接的に命令するのではなく，間接的なインセンティブを与えることで公益達成を目指すことにある。

　例えば，障害者の雇用促進のために，一定数の障害者を雇用する企業に報奨金（雇用調整金）を支払ったり，逆に基準未満の障害者しか雇用しない企業には課徴金（雇用納付金）を課したりすることである（「障害者の雇用の促進等に関する法律」第3章第2節）。この場合，課徴金の徴収は，行政経費を集めるためではなく，障害者の雇用という公益を促進する手段として用いられている。その意味で典型的な誘導行政に当たると考えられている。

　誘導行政には，報奨金といった金銭が用いられる場合と，公表や情報提供といった情報が用いられることがある。以下，簡単に説明しよう。

(1) 金銭による誘導

　金銭による誘導は，税金を加重・軽減したり，補助金を支給したりすることで実施される。例えば，自動車税や自動車重量税については，排気量の多い自動車や重量の大きい自動車ほど，より高い税金が課せられている。これは，道路にかかる負担や環境への影響を考慮して，より低負荷な自動車の普及を促進するためでもある。また，燃費や排気ガス中

の有害物質の量に応じて税額を加減することも同様である。

　補助金についても，例えば太陽光パネルの設置を促進するために導入費用の一部を補助する場合がある。これも，単なる経済支援を超えて，化石燃料の利用抑制や発電能力の拡大という公益に仕えるものであることから，誘導行政の一つに当たると言える[43]。

（2）情報による誘導

　情報による誘導の場合には，情報を広く公表して人々に伝えることで特定の行動を促すという方法がとられている。典型例としては，地方自治体が地域ごとの災害危険度を地図上に表示することで，住民に注意を喚起することが挙げられる（「ハザードマップ」と呼ばれる）。この場合，洪水や地震，土砂崩れなどの災害の危険性がある地域でも，建物の建設や居住それ自体が規制されるわけではない。しかし，ハザードマップを公表することで，災害に備えたり，居住を避けたりすることを住民に間接的に促しているのである。

　このハザードマップの仕組みは，リスクに関する情報を住民に広く知らせるという意味で「情報提供型」の誘導であると言える。他方で，企業等の評判・信用を低下させることで制裁を与えるという誘導の仕組みもある（「制裁型公表」と呼ぶことがある）。例えば，詐欺や虚偽広告，不当勧誘等の法令違反を犯している企業の名称を公表することである。これは，企業名を周知することで消費者の注意を喚起するだけでなく，法令違反行為の再発を防ぐために制裁を加えるという二つの機能を果たしている。

　もっとも，このような制裁型公表については様々な問題が残されている。この点については次の第5章で詳しく見ていこう。

43　その他，租税特別措置法に基づく租税優遇措置という形で，様々な誘導が実施されており，政策実現のための重要な手段となっている。例えば，研究開発に関わる減税（研究開発促進税制）として，企業が研究開発（新製品の開発や基礎研究）に資金を投資すればするほど，法人税の減税を認めることが挙げられる。

4. 情報行政

　これまで学んできたように，国や地方自治体が行政事務を遂行する過程では，様々な情報が収集され，膨大な数の公文書（電子ファイルも含む）が作成されている。例えば，建築確認の申請では，建物の図面や確認申請書，建築計画概要書といった書類が提出され，それらを基に起案文書等が作成される。他にも，公共事業を実施する際には，事業計画の策定，見積もりの作成，入札の実施，契約書の作成等，様々な公文書が作成される。また，収集された情報は一定の期間保存・管理され，必要に応じて繰り返し利用される。さらには，情報公開制度の下で公文書が人々に公開されたり，3で述べたように情報が広く公表されたりする場合もある。このように，行政事務の遂行に際しては情報の収集・管理・利用が繰り返されており，ここでは，それらをまとめて「情報行政」と呼ぶことにしよう。

　さて，行政庁の様々な決定の合理性を確保するためには，この過程が適切に為される必要がある。情報収集が不十分であったり，収集された情報を紛失したり，情報の内容が誤りであったりすれば，決定を支える根拠が失われてしまうからである。

　そこで，「情報」（情報が記録された文書や電子データ）に着目した上で，その収集・管理・利用を規律する法的ルールが必要になってくる。情報の収集に関して言えば，「行政調査」に関する様々な規律が定められているし，管理や利用に関しても「個人情報保護」や「公文書管理」「マイナンバー制度」「オープンデータ」といった制度が設けられている。また，特に公表に関する制度として「情報公開」の制度もある。これは，人々の申請に応じて行政の保有する公文書を開示することで，行政過程の透明性向上に寄与している[44]。

5．終わりに

　本章では，調達行政や誘導行政のうち，特に土地収用について学んだ。数ある公権力の行使の中でも，土地収用は最も強力なものであるために，その行使には十分慎重でなければならない。しかし，土地収用を過度に忌避することは，かえって公益の達成にマイナスとなってしまう。結局は両者のバランスが重要になるのだろう。

　筆者は，新しい高速道路やバイパス道路を通る度に，この道路を完成させるために関係者の多大な苦労があったのだ，と感慨深くなるが，普段何気なく通っている道路にも行政法の知識が詰まっていることを覚えておこう。

学習課題

1．情報行政の重要な柱として公文書管理制度がある。国の公文書管理について，下記の内閣府 HP を調べた上でその概要を説明しよう。

「公文書管理制度」

https://www8.cao.go.jp/chosei/koubun/index.html

2．土地収用法に基づく事業認定については，下記の国土交通省 HP でその一覧を見ることができる。それぞれの事業について，事業認定が認められた理由を確認しよう。

「土地収用　事業認定理由等について」

https://www.mlit.go.jp/sogoseisaku/land_expropriation/approval.html

---

44　近年，公文書管理や情報公開，個人情報保護等については，ICT 化の進展に伴って重要な改正が続いているので，より詳しく説明したいところであるが，紙幅の都合上，ごく簡単な紹介にとどめている。しかし，行政過程における「情報」の重要さが益々高まっていることに注意しておこう。

5 ｜ 行政法の一般法原則

《学習のポイント》　行政活動全般を規律する一般的ルールとして，比例原則や平等原則，信義則といった「行政法の一般法原則」がある。本章では，新型インフルエンザ等対策特措法を例にして，これらの原則について学ぶ。
《キーワード》　一般法原則，比例原則，平等原則，信義則

休業要請応じないパチンコ店　施設名公表検討
西村担当相　特措法45条適用へ
　　　　　　　　　　　　（毎日新聞デジタル版　2020年 4 月21日）

　西村康稔経済再生担当相は21日午前の記者会見で，新型コロナウイルスの感染拡大を受けた改正新型インフルエンザ等対策特別措置法に基づく休業要請を巡り，パチンコ店に対して要請に応じない場合に指示，公表ができる同法45条に基づく措置を適用する調整に入ったことを明らかにした。

　現在，各都道府県が実施する休業要請は「必要な協力の要請をすることができる」とした特措法24条に基づく。これに対し同法45条に基づく措置は，正当な理由がなく応じない場合に法的履行義務が生じる「指示」を出すことができ，施設名が公表される。

　西村氏は会見で「パチンコ店では，24条に基づく休業要請に従ってもらえないケースや，県境をまたいで人が集まるケースがあると

報告を受けている」と指摘。「専門家も大変強い危機感を有し，いくつかの知事からも相談を受けた。45条に基づく休業要請について調整，検討を行っている」と説明した。

　想定している地域は明らかにしなかった。ただし「強い措置になるので，よく調整して進めたい」とも述べた。

1.　はじめに

　今回取り上げるのは新型コロナウイルス感染症（以下「COVID-19」という）に関する問題である。執筆時点（2021年11月）では，COVID-19 の感染は少しずつ収束しているが，まだまだ予断を許さない状況にある。このコロナ禍がどのような結末を迎えるのか，不安が尽きないところであるが，本章では，この記事を基に「新型インフルエンザ等対策特別措置法」（以下「特措法」という）の概要を押さえた上で，法治主義や行政法の一般法原則について詳しく学んでいきたい。

　なお，COVID-19 の感染防止対策を強化するために，2021年（令和3年）2月に関連法律の改正が実現したが，本章の記述はあくまで改正前の法律を前提としている[45]。改正後の法制度の概要については別に論じることにしたいが，何がどのように変わったのか，という点が理解できるように，まずは改正前の法制度を説明しておこう。

　さて，この記事で問題となっているのは，都道府県知事がパチンコ店等の事業者に「休業要請」を発したにもかかわらず，事業者が要請に従わなかった場合に，知事はさらにどのような措置をとることができるか，という点である。

　もちろん，この休業要請とは，店舗等に客が集まることで密集状態が

45　2021年1月から始まった第204回通常国会では，感染防止対策を強化するために，感染症法や特措法，検疫法といった関連法律が一括改正された。

生じ，ウイルスの感染が起きてしまうことを防ぐためのものである。公衆衛生の維持という公益目的のために事業者の営業の自由を制限するという意味で，典型的な規制行政に当たると言える。

　現実には，ほとんどの事業者が要請に従ったものの，一部の事業者が営業を継続したことから，感染防止対策が骨抜きになってしまうのではないか，といった危機感が専門家や国民から示された。そこで，より強制力の強い方法が模索されたのである。

　既に学んだように（→第1章・第2章），規制行政においては，公益を守るために，法令の定める義務に違反した者に営業停止命令等の行政処分を発したり，行政刑罰を科したりするという仕組みが導入されている。そこで，パチンコ店の休業に関しても，営業停止を命じた上で，違反した事業者の経営者に行政刑罰を科せばいいのではないか，と思う読者もいるかもしれない。

　しかし，これも繰り返し説明しているように，公権力が安易に濫用されないよう，行政庁の権力行使には一定の歯止めがかけられている。国民の大多数がパチンコ店に対して厳しい意見を持っていたとしても，パチンコ店の経営者にも基本的人権が認められており，特に「営業の自由（憲法22条）」が尊重されなければならない。多数者の横暴から少数者を守るべく，憲法は様々な基本的人権を定めており，この場合にも当然に適用されるからである。

　また，基本的人権だけでなく，憲法は「法治主義」の理念も採用しているため，法治主義による制約も及ぶ。すなわち，人々に義務を課したり，権利・自由を制限したりする場合には，法律の根拠が必要になるのである。

　さらには，行政法の一般法原則として，行政庁が当然に守るべき法的ルールも存在する。既に見たように，比例原則や平等原則，適正手続の

原則は休業要請に際しても考慮されなければならない（→第4章）。

　このように考えていくと，いくら休業要請に応じないパチンコ店が倫理的に非難され得るとしても，直ちに法的な制裁を加えることができるわけではない。そのためには厳しい条件が満たされなければならないのである。

　さて，記事を改めて読み直してみると，特措法に基づく「指示」と「公表」の問題点が取り上げられていることが分かる。休業要請の強化が提案されたが，指示と公表を用いることが基本的人権の尊重や法治主義の理念，行政法の一般法原則に反しないか，慎重な検討も必要とされていた。公権力行使に慎重を期すべきことは，国や地方自治体も十分に理解していたのである。

　では，特措法に基づく休業要請とこれらの原則はどのように関わってくるのだろうか。以下では，感染症対策に関わる二つの重要な法律を学んだ上で，行政法の一般法原則について説明しよう。

2．新型インフルエンザ等対策特別措置法の概要

　特措法の内容に立ち入る前に，日本における感染症対策の法制度を見ておくと，特措法とは別に「感染症の予防及び感染症の患者に対する医療に関する法律」（以下「感染症法」という）が定められている。歴史的には，感染症法は明治期の「伝染病予防法」に由来するものであるのに対して，特措法は比較的新しいものであり（2013年施行），それぞれの目的や趣旨が異なっていることに注意する必要がある。以下では，まず感染症法の基本的な骨子を説明しよう。

①　感染症法は，様々な感染症をその危険度（感染力や致死率）に即してⅠ類からⅤ類に分類している（6条2項以下）。最も危険度の高いⅠ類にはエボラ出血熱，痘瘡，ペスト等があり，SARSや結核，鳥イ

ンフルエンザ等はⅡ類に分類されている。また，これらの分類に含まれなくても，新型インフルエンザや政令によって指定された感染症にも感染症法が適用される[46]。その他，「新感染症」として，未知の感染症で特に重篤な結果を引き起こすものについては，Ⅰ類感染症と同様の対策がとられている（6条9項)[47]。

② 感染症の危険度に応じて，行政庁はより強力な対策を実施できる（16条の3〜36条)。感染のおそれのある者に健康診断の受診を命じたり，感染者が食品業や接客業に就業することを制限したり，ネズミ・昆虫等を駆除したりすることである。他にも，病原体に汚染された疑いのある物品の廃棄・消毒・移動制限や，水道等の利用禁止，建物の消毒などがある。

③ Ⅰ類・Ⅱ類感染症と新感染症，新型インフルエンザ等感染症については，感染者を強制的に入院させて隔離させる，という強力な対策を実施できる[48]。さらに，Ⅰ類感染症については，汚染された建物を封鎖したり，72時間を上限として汚染場所付近の交通の制限や遮断も命じたりすることも認められている。

④ 感染者の治療に関しては，特別の感染症対策を備えた医療機関（感染症指定医療機関）のみに入院が認められ，その入院費や治療費はすべて公費で賄われる。

---

46 （注49）で説明するように，COVID-19 のような新規の感染症については，法律の改正によることなく，政令による「指定」を経て対策がとられることがある。

47 感染症法6条9項によれば，新感染症とは，①これまで知られていない疾病であり，②その症状が重篤であり，③全国的かつ急速に蔓延するおそれのあるものと定義される。

48 第4章でも触れたように，人の身体に強制力を行使すること，例えば，抵抗する感染者を拘束してでも病院に収容することは，基本的人権に対する強力な制約であるために，原則として許されない（行政代執行の場面でも，身体への強制力の行使は認められていない）。しかし，例外的に感染症法の下では，このような強制力の行使も認められており，これを「即時強制」と呼ぶ。なお，これとは別に，2021年2月改正後には，入院に応じない者に対して「50万円以下の過料」を科するという新たな制裁が設けられたが，これについては批判も少なくない。

表 1　感染症法に基づく分類と実施できる措置の対応表[49]

	外出自粛要請	入院措置 （強制入院）	就業制限	消毒措置等	建物閉鎖・ 交通制限
根拠条文	44条の 3	19条・26条 46条	18条	27条・ 29条等	32条・33条
Ⅰ 類	×	○	○	○	○
Ⅱ 類	×	○	○	○	×
Ⅲ 類	×	×	○	○	×
Ⅳ 類	×	×	×	○	×
Ⅴ 類	×	×	×	×	×
新型インフル エンザ等	○	○	○	○	△
COVID-19 （政令指定）	○	○	○	○	○

○：実施可能　　×：実施不可能　　△：政令の指定により可能

　COVID-19 については，発症当時は「新感染症」に当たると解されていたが，その性質が明らかになるにつれて，新感染症の要件に該当しなくなる可能性が高くなった。そこで，新たに政令が定められて「指定感染症」（ 6 条 8 項）に位置付けられて，Ⅰ類感染症とほぼ同様の対策がとられていた[50]。ただ，これはあくまで臨時的な措置であったので，2021年 2 月の法改正により，COVID-19 は法律で明示的に新型インフルエンザ等感染症として位置付けられた（新法 6 条 7 項三号・四号）。この改正により，引き続きⅠ類感染症と同様の措置を実施することが認め

49　このように，分類に応じて実施できる措置が段階化されているのが特徴である（ただし，COVID-19 については2021年 2 月の法改正前のもの）。

50　「新型コロナウイルス感染症を指定感染症として定める等の政令」（令和 2 年政令第11号）では，COVID-19 を指定感染症として定めると共に，実施できる措置を個別に列挙していた（政令 3 条）。この政令は度々改正されたが，表 1 のように，基本的にはⅠ類感染症とほぼ同様の措置が認められていた。

られている。

　さて，かなり複雑な説明になってしまったが，以上に挙げた感染症法の特徴は，感染症に罹患した者（その疑いのある者も含む）や病原体で汚染された場所といった「点」に着目して，感染症の拡大を防いでいることである。ただ，強制的な入院によって患者を隔離することが基本であるために，感染症が蔓延して病床数の上限を超えると，対策に限界が生じてしまう。また，Ⅲ類以下の感染症に関する対策は必ずしも強力なものではないために，その効果は限定されている。

　もちろん，感染症法2条の「基本理念」に掲げられているように，「感染症の患者等……の人権を尊重」することも重要であることから，徒に対策を強化すればよいというものでもない。しかし，致死率はそれほど高くないが感染力の強い感染症が蔓延すれば，結果的に多数の死者が出てしまい，社会的な損失が極めて大きくなる。特に，COVID-19の例からも明らかなように，人類が未だ免疫を獲得していない新しい感染症が出現すると，被害はより甚大なものとなる。

　このような事態を避けるためには，感染症法に基づく対策の他に，人と人の接触を広範に制限するという「面」に着目した対策も必要になってくる。また，物資の供給や運転資金の確保，ライフラインの維持といった，経済的な混乱への対処も求められてくる。もちろん，感染者の激増に備えるために医療体制の整備も重要となってくる。

　前置きが長くなったが，特措法は，2009年に流行した新型インフルエンザ「A（H1N1）」の教訓を踏まえて，このような総合的な対策を講じるために定められたものである。法律の名称が「新型インフルエンザ・等」とされているように，新型インフルエンザ以外の「新感染症」にも適用され得る（2条1項）[51]。以下，その骨子を説明しよう[52]。

①　まず，「国，地方公共団体等の責務」として，国と地方自治体だけ

でなく，医療・通信・輸送・エネルギー供給等を担う公共機関が協力して対策を実施することが求められている（3条）。また，対策を計画的・総合的に実施するために，国・都道府県・市町村がそれぞれ「行動計画」を事前に定めなければならない（6条〜8条）。この行動計画には，情報の収集や国民への周知，蔓延防止のための措置，医療の提供体制の確保，生活関連物資の安定供給等について具体的な方針が盛り込まれる。さらに，物資の備蓄や訓練の実施といった事前の備えも要求されている。

② 　新型インフルエンザ等の発生が確認されると，国においては内閣総理大臣（以下「総理大臣」という）を長とする「政府対策本部」が，都道府県においては知事を長とする「都道府県対策本部」が，それぞれ設置される。政府（内閣）と都道府県知事の間には一定の役割分担があり，それぞれが担う権限も異なっている。大まかに言えば，政府の役割は国レベルにおける「基本的対処方針」の策定や，都道府県や関係公共機関の間の総合調整であるのに対して（20条），知事の役割は各区域における具体的な対策・措置であると整理できる（24条）。

③ 　具体的な対策・措置としては様々なものがあるが，政府（大臣等）の権限として，医療関係者等に臨時に予防接種を行うことや（28条），空港や港への寄港を制限すること（29条），船舶や航空機の運航を制限すること（30条）などがある。また，知事の権限として，公私の団体または個人に対して必要な協力を求めること（24条9項）や医療関

51　特措法の適用される「新感染症」も感染症法のそれと同様である。COVID-19も発症当時は新感染症として特措法が適用されていたが，その後，特措法が改正されてCOVID-19が明示されることで特措法が適用されることになったのである（附則1条の2）。なお，先に説明したように2021年2月の感染症法改正により，COVID-19は新型インフルエンザ等感染症に分類されたことから，この附則1条の2は削除された。

52　冒頭にも述べたように，特措法も2021年2月に抜本改正されたが，ここでは改正前の内容を紹介する。改正の重要ポイントについては，その都度触れることにしたい。

係者に対して必要な医療の提供を要請することなどがある（31条）[53]。なお，これらの権限は「緊急事態宣言」（後述）が発令される前にも行うことが認められている。

④　新型インフルエンザ等の全国的かつ急速な蔓延により国民生活等に甚大な影響が及ぶおそれが生じた場合，総理大臣は「緊急事態宣言」を発令しなければならない。宣言がされると，市町村にも対策本部が設置される他，政府や知事の権限がより強化され，関係公共機関の責務もより重くなる。45条〜61条の定める様々な権限や責務がこれに当たる。特に重要なものを挙げると，感染防止のために知事が住民に協力を要請できること（45条），指定公共機関に指定された医療機関や製薬会社等が医療サービスや医薬品等を十分に提供すること（47条），知事が臨時の医療施設を開設すること（48条），「指定公共機関」に指定された電力供給・運送・電気通信等の事業者が必要な対策を実施すること（52条・53条），対策に必要な物資（医薬品，食料，マスク等）の売り渡しを知事が事業者に命じること（55条），日本銀行や政府系金融機関が金融支援を実施すること（60条・61条）等がある。

以上のように，特に緊急事態宣言の下では，特措法は様々な権限を政府（大臣等）や知事に委ねているし，指定公共機関に指定された医療機関や事業者には様々な責務が負わされる[54]。興味深いのは，この緊急事態宣言をめぐる役割分担である。すなわち，緊急事態を宣言するのは政府（総理大臣）の権限であるのに対して，具体的な対策の実施は（原則として）都道府県知事の権限となる。そのため，知事が強力な措置を実施したくても，総理大臣が緊急事態宣言を拒むと，対策が頓挫してしまうのである。

53　もっとも，これらの権限はあくまで「要請」に過ぎず，従わなかった者に対して行政刑罰を科したりすることはできない。行政法学では，このような事実上の「お願い」のことを「行政指導」と呼んでいるが，強制的な命令である「行政処分」との違いに十分注意しよう（→第8章）。

　逆に言えば，対策を十全に進めるためには，政府と都道府県，そして市町村が意思統一を図り，密接に連携する必要がある。しかし，COVID-19対策に関して言えば，特に政府と都道府県の足並みが揃わない事態がしばしば起きていた。これは，特措法が地方分権の理念に即して都道府県に広範な権限を委ねたことの副作用とも言える[55]。

　また，「緊急事態」という言葉の持つインパクトに惑わされることなく，その法的意味を正しく理解する必要がある。緊急事態と言われると，戦争や大災害，ゴジラの来襲といった異常な事態の下で，政府や軍部が独裁的な権力を掌握するといったイメージが思い浮かぶが，特措法にいう緊急事態は穏健なものにとどまっているからである。

　この点，１でも触れたように，特措法の限界として挙げられるのが，要請に従わなかったり，責務を果たさなかったりした場合の法的な制裁（義務履行確保）の欠如である。実は，改正前の特措法では，要請に従わなかった場合の行政刑罰はほとんど置かれていなかった。第7章の「罰則」を見ると分かるように，特定物資（医療品やマスク等）の売り渡しに応じなかった事業者や，行政庁による立入調査を拒んだ事業者に

54　このように，2021年2月改正前の特措法の下では，通常時と緊急事態宣言下の二つの段階があり，緊急事態宣言が発令されると，より強い感染防止対策をとることが認められていた。他方で，改正後には，新たに「新型インフルエンザ等まん延防止等重点措置」という段階が設けられて（新法31条の4～31条の6），通常時・まん延防止等重点措置実施時・緊急事態宣言発令時の三つに区分された。ごく簡単に言えば，まん延防止等重点措置実施時には中程度に強力な措置をとることが認められている（（注57）も参照）。なお，緊急事態宣言と同様に，まん延防止等重点措置の開始も総理大臣（政府対策本部長）の権限である（新法31条の4第1項）。

55　他の選択肢として，政府に権限を集中させて，総理大臣が都道府県知事を指揮監督して対策を実施させるという仕組みもあり得る。しかし，この場合には，知事は総理大臣に完全に従属するため，地域の事情に即した適切な対策をとることが難しくなるだろう。他方で，知事に権限を集中させると，今度は政府による歯止めがなくなるために，権限が濫用されて基本的人権が損なわれるという事態が起きるかもしれない。このように考えていくと，特措法の仕組みはそれなりにバランスがとれていると言える。

対して罰則が設けられているだけであった[56]。このため，より強力な制裁が可能となるように特措法が改正されたのである[57]。

　他方で，特措法のもう一つの特徴は「公表」という仕組みが導入されていることである。これは，特定の事業者等に感染防止のための要請や指示を実施した，という事実を広く周知することを意味する（45条4項）。第4章でも触れたように，公表には「情報提供」と「制裁」の二つの目的があるが，特措法の定める公表は，感染防止に協力しない事業者の信用・評判を低下させるという機能も有することから，両方の性質を併せ持つと考えられる。そこで，この公表の持つ制裁的機能を活用することで義務履行が試みられたのである。

3.　特に「休業要請」について

　かなり長い説明になってしまったが，特措法の概要は以上の通りである。この概要を踏まえて，記事で問題となっている「休業要請」についてより詳しく見ていこう。

　まず，24条9項に基づく都道府県知事の権限として「必要な協力の要請」が認められているので，知事としては，この権限を行使して人々に外出の制限を要請したり，パチンコ店をはじめとする事業者に休業を要請したりすることができる。この権限は緊急事態が宣言されていなくても行使できるものの，先ほども述べたように，要請に従わなかった者に行政刑罰等の制裁を科すことはできないので，行政指導に当たると考えられている[58]。

56　繰り返し述べているように，法治主義の原則の下では，行政刑罰等の制裁を科すためには法律の明示的な根拠が必要になることから，行政庁が勝手に制裁を加えることは許されない。

57　例えば，緊急事態宣言が発令されると，感染防止対策として興行場や飲食店に営業時間の変更や休業を命じた上で，違反者には30万円以下の過料を科すことが可能となった（新法79条）。他方で，まん延防止等重点措置の実施中であれば，興行場や飲食店に営業時間の変更を命じた上で（休業を命じることはできない），違反者には20万円以下の過料を科すことができる（新法80条）。

　次に，緊急事態宣言の発令を条件として，都道府県知事は45条に基づく協力要請等をすることができる。具体的には，住民に対して外出制限を要請したり（45条1項），学校や社会福祉施設等の「政令で定める多数の者が利用する施設」の休業を要請したりすることである（45条2項）。前者は不特定多数を対象とする一般的な要請であるのに対して，後者は特定の施設等を対象とする具体的・個別的な要請であるという違いがある。

　ポイントとなるのは，後者の休業要請等の対象となる施設が限定されていることである。すなわち，政令である「新型インフルエンザ等対策特別措置法施行令」（以下「施行令」という）11条1項に列挙されている施設のみが対象となる。これは，休業要請等のもたらす不利益の重大さに鑑みて，その対象を可能な限り限定する必要があると考えられたためである。

　詳しく見てみると，パチンコ店は施行令11条1項九号にいう「遊技場」に当たると解されるので，休業要請を発することに問題はなさそうであるが，同項本文の但書を見ると「その建築物の床面積の合計が千平方メートルを超えるものに限る」とされているので，床面積1000m^{2}に満たない中・小規模のパチンコ店は対象にならないことが分かる。

　とはいえ，利用者が集中して感染リスクが高まるのは中・小規模の店舗でもそれほど変わらないので，このような限定に疑問を覚える読者も多いだろう。実は，施行令11条1項十四号では，厚生労働大臣が「公示」することにより，床面積が1000m^{2}に満たない施設も対象に含める

58　もっとも，24条9項に基づく要請に関して「公表」ができるか否かは微妙なところである。法治主義の原則によると，私人に不利益を課すような行為には法律の根拠が必要になるので，その根拠が明示されていない以上，公表はできないと解される。しかし，公表が単なる情報提供に過ぎないと捉えるならば，直接に私人に不利益を課すものでない以上，法律の根拠は不要になると考えられなくもない。実際，情報提供型の公表については，法律の根拠なしで実施される場合も散見される。なお，（注57）で説明したように，2021年2月改正後の特措法では，休業要請等に従わなかった事業者に過料を科すことができるようになった。

ことが認められている。実際にも，COVID-19 の発生を受けて発せられた「厚生労働省告示第175号」では，「遊技場」も対象とすることが公示されており，パチンコ店については，その規模を問わず，全て休業要請等の対象とされたのである。

　次のポイントは，45条2項に基づく要請に従わない場合の措置である。同条3項によれば，「正当な理由」がないのに要請に応じないときには，さらに「指示」を発することができると定められている[59]。そして，要請であれ指示であれ，知事は直ちにその内容を公表しなければならない（45条4項）[60]。

　この公表の仕組みが制裁的機能を有していることは2で触れたとおりである。事業者の名称やその違反内容等を公表して社会的な信用を低下させることで，当該事業者の翻意を促すことが目的とされているのである。

　もっとも，制裁型公表の持つ構造的な欠陥として，その効力が不確かであることが挙げられる。人々の関心が薄ければ効果は期待できないし，逆に人々が過剰に反応すれば行き過ぎた制裁となってしまう。また，実際にパチンコ店の店名等を公表した結果，かえって利用者が集まってしまったという皮肉な結果も起きたところである。

　では，この制裁型公表のように，公権力が自らの手で直接的な制裁を科するのではなく，人々が社会的な制裁を加えるように促すという手法について，どのように考えるべきだろうか。

　国や地方自治体にとっては，手軽に義務履行確保を図ることができる「便利な」制度に映るかもしれない。しかし，今回のコロナ禍でも判明

59　このように，特措法の下では，指示の方が要請よりも強いものとして位置付けられているが，一般的には，両者の違いは正しく認識されていなかったようである。そのため，要請を行ったことが公表された時点で強い社会的非難が起きたのである。

60　2021年2月改正後もこの公表の権限は残されているが，「その旨を公表することができる」とされたので，知事には公表しないという選択肢も認められている（新法45条5項）。

したように，営業を続ける店舗等に対する嫌がらせが多発するなど，社会的制裁はしばしば暴走することから，筆者個人としては安易な利用は慎むべきであると考えている。行政刑罰や行政代執行に比べると公表制度はより穏健な手段であるという考え方もあるが，それは大きな間違いであろう[61]。

　実際，西村大臣も公表の持つ危険性を十分に理解しており，慎重な検討が必要であると述べていた。それゆえ，45条に基づく要請や指示を行使した場合の問題点について，政府としても検討を始めたのである。ただし，上述したように，45条の権限は都道府県知事に委ねられていることから，原則として知事は自らの権限と責任で公表を実施できる。

　その後，実際にいくつかの都道府県で公表が実施され，その結果として休業要請に応じた事業者もあったことが報道されている。とはいえ，実際にどれだけの感染防止効果があったかは明らかでない。事業者が受けた不利益に値するだけの公益が達成されたか，という点が比例原則の観点から問題となるが，その評価はおよそ不可能であるというしかない。

　もっとも，休業要請・指示に関して当時の政府や知事がとった決定が違法であったか，と問われると，筆者個人としては違法ではなかったと考えるし，おそらく裁判所も同様に判断するのではないだろうか。

　この点は，不確実な状況における行政庁の判断をどう評価するのか，別の言い方をすれば，「予防原則」から行政庁の判断を正当化できるか，という問題に関わってくる。すなわち，COVID-19のような未知の病原体や新しく開発された化学物質等については，その危険性を正確に評価できないために，とるべき対策についてコンセンサスが得られない状態

61　そもそも，近代国家の本質は国家による権力の独占にあると考えられることから，社会的制裁の持つ暴力性・無秩序性は近代国家とは相容れないものであり，義務違反に対する制裁はあくまで国家が独占的に担うべきであろう。その意味では，2021年2月改正で過料による制裁が新たに導入されたことは望ましいと評価できるかもしれない。

が続いてしまう。もちろん，研究が進展してその危険性をある程度正確に算定できるようになれば，科学的な根拠に即して対策も定まってくるが，それまでの間，行政庁はどのように行動すべきなのだろうか。

このような局面における一つの有力な考え方は，想定される様々な事態のうち，最も深刻な事態が起こると仮定して対策を講じるというものである。取り返しのつかない事態を未然に防ぐという意味で「予防原則」と呼ばれる。

COVID-19に関する様々な対策についても，予防原則の立場からの正当化が可能であろう。2020年4月の時点では，感染者が指数関数的に増大するか，それとも収束に向かうのか，科学的に判明しない状況が続いていた。しかし，欧米諸国の状況を見る限り，感染者の激増の可能性は排除できなかったため，緊急事態宣言が発令され，大規模な外出制限や休業が要請されたのである。

未知のリスクに直面した国や地方自治体がどのように対応すべきか，その興味深い一例がこのCOVID-19問題であったと言えるだろう。

4．行政法の一般法原則

最後に，行政法の一般法原則についてより詳しく学んでいこう。

（1）比例原則

比例原則とは，目的と手段が比例していなければならないこと，言い換えると，目的達成のために行政庁は必要最小限の手段しか行使できないことを意味し，憲法13条や29条1項・2項から基礎付けられる。

第2章で見たように，飲食店の営業許可を受けた事業者が法律に違反した場合，行政庁は改善命令を発したり，営業停止を命じたり，許可を取り消したりすることができる（もちろん「何もしない」という選択肢

もある）。その選択に際しては行政庁に裁量権（効果裁量）が認められることもあるが（→第10章），その場合でも，違反態様に比して過度に厳しすぎる行政処分を行うことは比例原則に違反するのである。

　休業要請についても，知事としては，どの業種に対してどの程度の休業をどれだけの期間求めるか，といった点について選択肢を有するが，感染症の防止という目的に比して過度に休業を求めることは許されない。具体的には，感染の広がりや店舗での密集状況，事業者の受ける不利益等を考慮して，比例原則への抵触が判断されることになる[62]。

　また，感染症法に基づく入院措置についても，法令の規定上はCOVID-19の患者の一部も対象となっているが（感染症法19条・政令3条及び別表）[63]，実際には，この規定が適用されて強制的に入院が実施された例は報告されていない。これも，入院措置が著しい人権侵害をもたらすことから，公衆衛生に対する危険性が相応に重大でなければ，比例原則違反となるからである[64]。

　このように，法律や政省令が行政庁に権限行使を認める場合でも，比例原則の観点からは，客観的で合理的な理由がある場合に必要最小限度の行使が認められるだけである。その意味で，法令の規定は絶対的なものではないことを覚えておこう。

---

[62]　もっとも，上述した予防原則の立場からは，COVID-19のもたらす危険性が科学的に判明しない以上，最悪の事態を回避するために強い対策をとることも適法となり得るだろう。比例原則もその限りで修正され得るのである。

[63]　入院措置の対象となるのは，①65歳以上の者，②重症化リスクの高い者（呼吸器疾患等を有する者），③「指定された期間，指定された場所から外出しない」といった遵守事項に同意しない者等に限られている（新型コロナウイルス感染症を指定感染症として定める等の政令第三条において準用する感染症の予防及び感染症の患者に対する医療に関する法律第十九条第一項の厚生労働省令で定める者等を定める省令2条）。2021年2月改正後も同様の規定が設けられている（新法26条2項）。

[64]　COVID-19の感染力や致死率が他のⅠ類・Ⅱ類感染症と比して低いことを考慮すると，強制入院が比例原則に抵触しないと評価されるのは極めて例外的な場合に限られるだろう。

　なお，伝統的な考え方では，比例原則とは過剰な規制を禁ずるもので
あったが，近年では，過少な規制も比例原則に違反すると主張されるこ
とがあり，判例でも，この新しい考え方を採用するものが現れている。

　すなわち，公害防止や環境保護，消費者保護といった分野で，行政庁
が適切に規制していれば被害を未然に防げたにもかかわらず，それを怠
った場合，過少規制として比例原則に違反すると主張されている。そし
て，このような不作為（規制権限の不行使）について，行政庁の責任を
認める判例も少しずつ増えているのである（→第14章）。

（2）平等原則

　平等原則とは，憲法14条に基づくものであり，行政庁が合理的な理由
なく人々を差別してはいけないことを意味する。より詳しく見ると，①
法律の内容が平等性を欠く場合と，②法律の内容は平等であるが，その
適用の際に不平等が生じる場合（特に「法律の前の平等」と呼ばれる）
の二つがあり，前者については，法律それ自体が憲法14条違反として違
憲・無効になるのに対して，後者であれば，行政処分等の決定が違法な
ものとなる。

　平等原則において最も問題となるのは，ここでいう「合理的な理由」
の内容である。異なる取扱いであっても，それが合理的に正当化できる
ものであれば，違憲・違法とはならないからである。

　一つの考え方としては，憲法14条1項の挙げる事由（人種，信条，性
別，社会的身分または門地）に基づく区別は一切許されないというもの
がある。しかし，実際には性別による区別も正当化される場合もあるの
で，異なる取扱いをする目的・必要性・手段の相当性等を考慮した上
で，社会通念に照らして評価するしかないと考えられる。そのため，社
会が発展して人々の意識が変わると，平等原則の判断も変わってくるの

である。

　パチンコ店に対する休業要請についても，より感染リスクの高い他業種の営業が認められているにもかかわらず，パチンコ店にだけ休業が要請されたとすれば，それは不合理な差別として平等原則に反する可能性が出てくるだろう。逆に，感染リスクに応じて全ての業者に休業要請がされたのであれば，平等原則の問題は生じないことになる[65]。

（3）信義則

　信義則とは，民法1条に基づく原則であり，行政庁と人々の間に信頼関係が成立した場合に，行政庁がこの信頼を裏切ってはいけないことを意味する。ただし，信義則はしばしば法律の規定と抵触するために，その適用には慎重でなければならないと考えられている。

　分かりやすい例としては，本来輸入できない製品について行政庁（税関長）が誤って輸入許可を与えた場合，輸入業者としては，次の機会にも同様の許可がされるとの期待を抱くのが普通であろう。そして，そのような期待が法的な保護に値するのであれば，次の機会に輸入が許可されなかった場合には信義則違反となり得る。

　では，どのような場合に信義則の適用が認められるのだろうか。判例の傾向をまとめると，その要件として次の点が挙げられる。①行政庁が公的な見解を表示したこと，②人々がその見解を信じたことに落ち度（責めに帰すべき事由）がないこと，③その見解を信じて行動した結果，積極的な被害を受けたことである[66]。

　休業要請について言えば，仮に知事がパチンコ店には要請をしないとの公的見解を従前から示しており，それをパチンコ事業者が正当に信じ

65　なお，比例原則と平等原則との境界線は曖昧であるので，それぞれの適用場面に注意する必要がある。例えば，同じような違反行為をした複数の事業者のうち，特定の事業者にのみ行政処分をした場合，その行政処分が適切な程度であるため比例原則には反しないとしても，他の事業者との兼ね合いで平等原則に違反することも起こり得る。

たのであれば，信義則が適用される余地が出てくる。しかし，社会情勢や世論の変化を受けて，行政庁が従前の方針を変更する必要に迫られることも少なくない。特に感染症対策のように人命が関わる分野では，行政庁が事業者の信頼を裏切る形で休業要請を発することも許容されるべきだろう。そのため，信義則が適用される可能性は小さいと言わざるを得ない。

（4）権限濫用の禁止

　「権限濫用の禁止」とは，行政庁が不当な目的のために，あるいは法律の本来の目的から外れて権限を行使してはならないことを意味する。行政処分等が形式的には法律に即しているとしても，その動機・目的に問題が認められる場合には，権限濫用として違法となり得るのである。元々は民法1条に定められた原則であるが，行政上の法関係にも適用されると解されている[67]。

　休業要請を発する場合も，当然のことであるが，知事が私的な恨みを晴らすためにパチンコ店を対象とすることは許されない（不当な目的）。また，ギャンブル依存症対策のために，特措法に基づく休業要請を用いることも許されない（法律の目的の範囲外）。後者については，一見するとその目的は正当であると考えられるが，特措法の目的は国民の生命や健康の保護等にあることから，やはり権限濫用に当たると解されるの

66　例えば，地方自治体が補助金支給を約束して事業者に工場誘致を働きかけて，その事業者が約束を信じて工場を建設した後に，補助金の支給を打ち切った場合，工場建設費用等の積極的な損害をもたらすことから，信義則上，当該自治体はその損害を賠償する義務を負うと解されている（最判昭和56年1月27日参照）。
67　著名な例としては，性風俗営業（ソープランド）の開業を阻止するためにその近隣に児童遊園を急遽設置したことが，行政権の濫用に当たるとして違法性が認められた事例がある（最判昭和53年5月26日）。旧風俗営業等取締法は，児童福祉施設（児童遊園等）の周囲での店舗型性風俗特殊営業の開業を禁じていたことから，児童遊園を設置することで開業禁止区域を拡大することが試みられたが，児童遊園はあくまで「児童の福祉」のためのものであり，他の目的に転用することは許されないと裁判所は判断したのである。

である（→第15章）。

5．終わりに

　本章では，特に COVID-19 の感染防止対策を取り上げて，行政法の一般法原則について学んだ。法改正もあったために，感染症法や特措法の規定はかなり難解であったと思われるが，一般法原則については理解するのはそう難しくなかっただろう。もっとも，比例原則であれ，平等原則であれ，実際の適用の局面では，原則に反するか否かの判断が困難である場合が多い。パチンコ店に対する休業要請についても，その適法性については判断が分かれるところだろう。

学習課題

1．比例原則が問題となる事案として，飲酒運転（酒気帯び運転）をした公務員に対して懲戒免職処分をすることが挙げられる。飲酒運転を理由として厳罰を科することは比例原則との関係で適法と言えるのか，検討しよう。
2．新型インフルエンザ等対策特別措置法の2021年2月改正に際しては，内閣が提出した法案がその後の国会審議で修正されて成立した。どのような修正が入ったのか，調べてみよう。

6 | 行政過程1―概観

《学習のポイント》 行政作用が遂行される過程は様々な段階に分かれており，この一連の過程を「行政過程」と呼ぶことがある。本章ではその概要について学ぶ。
《キーワード》 行政過程

液体ミルクの販売，今夏にも解禁へ　育児負担軽減に期待
（朝日新聞デジタル版　2018年3月12日）

　乳児用液体ミルクの国内販売が，今夏にも解禁される見通しになった。液体ミルクは常温で一定期間保存でき，湯で溶かして冷ます必要もない。粉ミルクより使いやすいと販売解禁を求める声が上がっていた。災害時の備蓄への利用や育児負担の軽減につながると期待される。

　12日にあった厚生労働省の専門家部会で，製造や保存方法の基準を盛り込んだ省令改正案を示し，了承された。内閣府の食品安全委員会による健康影響評価や一般からの意見公募を経て，夏にも省令が改正される見通し。

　国内では乳児用の基準は粉ミルクしかなく，液体ミルクを「乳児用」として販売できなかった。海外で流通する液体ミルクは，熊本地震の際に救援物資として届けられ，被災者の役に立った。

　部会では，業界団体が提出した試験データが示された。賞味期限を缶とレトルトパウチの容器で9〜12カ月，紙パックは6カ月と設定し，常温で保管して成分や衛生状態の変化を調査。食中毒の原因となる菌は確認されず，必要な栄養成分は残っていたという。

　解禁を求めてきた主婦のAさん（38）は「すごくうれしい。メーカーが液体ミルクを発売するよう『あったら使いたい』という声を発信していきたい」と話した。

1. はじめに

　本章では，乳児用液体ミルクの解禁の記事を参考にして「行政過程」について学ぶ。行政過程論とは，行政機関の活動が時系列的にどのように進められるのか，という過程に着目し，この過程を分析することで行政機関の活動をより体系的に把握することを目指すものである。行政過程には，行政立法や行政手続，行政処分，義務履行確保といった様々な段階があるが，これらを個別に分析するだけでなく，相互の関係も視野に入れることが求められているのである。

　まずは記事の解説から始めると，乳児用液体ミルクの販売が新たに認められたことが紹介されている。既にドラッグストア等で乳児用液体ミルクが発売されているのを見かけた読者も多いだろう。従来は，粉末タイプのミルクしか販売されていなかったために，子育て世帯にとっては不便な点が多かった。しかし，この販売解禁により，より手軽に乳児用液体ミルクを利用できるようになったのである。

　さらに詳しく見ていくと，「省令改正案」や「厚生労働省の専門家部会」「内閣府の食品安全委員会」「意見公募」といった専門用語が出てく

る。これらのうち，「省令」については既に学んだので，おおよそのところは理解できるかもしれない。

　すなわち，乳児用ミルクのような食品については，食品衛生法による規律が及ぶことを第2章で学んだ。他方で，食品衛生法それ自体には，乳児用液体ミルクの販売を認めるか否かといった細かいルールは載っていない。このような技術的・専門的事項は「行政立法」という形式で定めるのが一般的であることも先に説明した通りである。

　そこで液体ミルクに関する規定を探してみると，乳及び乳製品については，食品衛生法13条1項に基づき，「乳及び乳製品の成分規格等に関する省令」（以下「乳等省令」という）により規格基準が定められている。第2章で紹介した「食品，添加物等の規格基準」と基本的な構造は似ており，乳製品の種類ごとに成分規格や製造方法が事細かに定められている。当然，事業者はこれらの基準に即して製造することが義務付けられている。

　その詳細については2で見ていくが，本章で特に注目したいのは，この省令が改正されるまでの過程と，法律制定から義務履行確保や行政訴訟に至る全体の過程の二つである。乳児用液体ミルクの解禁といった政策変更はある日突然に起こるものではなく，様々な過程を経て実現されるものである。また，行政立法から行政手続を経て行政処分に至るというように，省令の改正はその後の行政処分にも影響を与える。このような行政過程の詳細と特徴については，3で学んでいこう。

2.　食品衛生法と乳児用液体ミルク

　まず注意しないといけないのは，食品衛生法上，液体ミルクそれ自体の製造・販売は従来から認められていたことである。例えば，外国から乳児用液体ミルクを輸入して「乳飲料」として販売することは可能であ

ったが，これに「乳児用」と明記することは許されなかったのである[68]。

　しかし，消費者が安心・安全に乳児用液体ミルクを利用できるようになるためには，食品衛生法の下で安全性や栄養素に関する明確な基準を設けた上で，乳児用としての販売を正式に認めることが不可欠であろう。実際，乳児用粉ミルク（調製粉乳）に関しては，上述の乳等省令の「別表」で成分規格（栄養素や細菌数）が定められていて，その規格を満たすものの販売が従来から認められていた。

　液体ミルクは常温で長期間保存可能であるので，移動中や外出先で使用したり，災害時に避難所等で使用したりするのに適している。そのため，消費者や事業者団体から規格制定を求める要望が寄せられていた。これを受けて厚生労働省の内部で検討が始まり，乳等省令の2条38項に新たに「調製液状乳」という項目を設けて，さらに別表で成分規格や製造方法の基準を定めることになった。この改正により，この基準を満たす製品には「乳児用」と表示した上で消費者に販売する道が開かれたのである[69]。

　以上の説明から分かるように，食品衛生法は乳児用液体ミルクの製造・販売を積極的に禁止していたわけではない。しかし，安全性や栄養素に関して乳児用液体ミルクが満たすべき基準を定めていたわけでもない。そのため，一般に流通しないという事態が起きていたのである。

　乳児用液体ミルクの利便性を踏まえると，もっと早くに乳等省令を改

68　厚生労働省も「海外で流通している調製液状乳（乳児用液体）ミルクは，我が国での乳等省令上は「乳飲料」に分類され，乳飲料や添加物等の規格基準に適合する製品であれば，その輸入や販売は可能である」との見解を示していた。したがって，輸入液体ミルクを消費者の自己責任で乳児に与えることは可能であった。

69　調製液状乳に関する製造方法として，例えば，「保存性のある容器に入れ，かつ，摂氏百二十度で四分間加熱殺菌する方法又はこれと同等以上の殺菌効果を有する方法により加熱殺菌すること。ただし，常温保存可能品にあっては，この限りでない。」といった基準が定められている。

正すべきであったと言えなくもない。しかし，当然のことであるが，食品の安全性に関する省令改正は専門家の判断に基づき慎重にされる必要がある。また，国会の直接の承認が必要ないとしても，国民世論に受け入れられる内容でなければならない（社会通念から明らかに逸脱するような省令が制定されると，大臣の政治的責任が追及される事態になりかねない）。

　実際，省令の制定権限は大臣が有するものの，大臣の個人的な一存で省令が制定されるわけではない。厚労省内の関連部局で慎重な検討を繰り返して省令案を策定してから，最終的に大臣が承認するといったように，省令の制定は組織全体で取り組むべき課題なのである。

　また，乳等省令のように食品衛生法13条1項に基づく省令については，特別の手続がとられることにも注意しなければならない。すなわち，同項は「厚生労働大臣は……薬事・食品衛生審議会の意見を聴いて……規格を定めることができる」としているので，この薬事・食品衛生審議会に省令の改正の是非を照会しなければならないのである。

　では，薬事・食品衛生審議会とはどのような行政組織なのだろうか。一般に「審議会」と呼ばれる組織は，「有識者」と呼ばれる専門家やNGO・NPO，事業者団体等のメンバーから構成される合議体であり，専門的な知見や社会の多様な意見を行政決定に取り入れるために設置される。行政庁が重要な決定を行う際には，事前に審議会に意見を聞き（「諮問」と呼ぶ），これに応じて審議会が意見を述べる（「答申」と呼ぶ）という過程を経ることが少なくない。また，上述のように，省令等の改正に際して審議会への諮問が法律で義務付けられていることもある。

　注意を要するのは，この審議会の権限があくまで「意見」を述べることにとどまり，大臣には，審議会の意見とは異なる決定をすることも認

められていることである（違法とはならない）。これは，行政処分や行政立法の権限と責任は大臣に専属的に委ねられているからである[70]。

とはいえ，実際には，大臣が審議会の意見とは異なる決定をすることは極めて稀である。その理由を推測すると，大臣としても専門家の意見を尊重する重要性を理解していること，審議会の意見に反対した結果，政治的な責任を問われる事態になりかねないこと，そもそも，大臣の意向に沿った意見が形成されるよう調整が図られること，の三つを挙げることができるだろう。

なお，薬事・食品衛生審議会の内部には分科会・部会と呼ばれる様々な会議体がある。まず，薬事分科会と食品衛生分科会という二つのグループに分けられていて，その下位には，医薬品等安全対策部会や食品衛生分科会食中毒部会といった部会が置かれている。これは，薬事・食品衛生審議会が審議すべき事項が極めて多様で膨大であることから，分野ごとに部会等を設けて審議の効率性を高めるためである。

さて，今回取り上げた乳児用液体ミルクについても，乳等省令の改正に際して薬事・食品衛生審議会の意見を聞く機会が設けられている。記事では「厚生労働省の専門家部会」とされているが，これは，薬事・食品衛生審議会のうち「器具容器包装・乳肉水産食品合同部会」のことである。この合同部会での承認が得られたことから，次のステップに進んだことが報道されたのである。

より詳しく見ると，図3に挙げたように，乳肉水産食品部会の他，器具容器包装部会でも審議がされた後に，最終的には食品衛生分科会で了承を得てから省令が改正されたことが分かる。乳児用液体ミルクは，常

70　そもそも，国民が選挙で国会議員を選び，さらに国会議員が内閣総理大臣を，内閣総理大臣が大臣を，それぞれ選任するというように，間接的とはいえ，大臣は国民から選ばれたという意味で民主的正統性を有している。重要な行政決定については大臣にその権限が委ねられていることが多いが，それは決定の民主的正統性を高めるためでもある。審議会の意見が何であれ，大臣は自己の権限と責任で最終的な決定をすることができるのであり，それだけにその地位・役割は重いものがある。

図3　乳製品に係る規格基準設定までの概略 （厚生労働省 HP より）

　乳製品に係る規格基準は「乳及び乳製品の成分規格等に関する省令」に規定。厚生労働省では，食品安全委員会に食品健康影響評価を諮問し，その評価結果を踏まえ，薬事・食品衛生審議会の審議を経て，乳製品の規格基準を設定。

注：この概略図は例示であり，手続きの順序は前後することもあります。

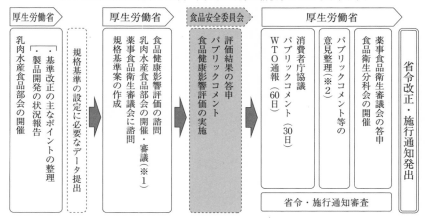

※1　調製液状乳に使用される添加物や容器包装の詳細に関しては，別途，それぞれの部会で検討が必要。
※2　パブリックコメントで多数の意見が寄せられた場合には整理に係る期間が必要。

温で長期間保存可能なものとして製造・販売されることから，ミルクそれ自体が衛生的で栄養価に富んでいるだけでなく，容器の性能も十分なものでなければならない。そこで，器具容器包装の専門家の意見も取り入れられたのである。

　他にも，食品安全委員会における「食品健康影響評価」や「消費者庁との協議」「パブリックコメント」といった段階がある。いずれも重要な過程であるので，以下で詳しく説明しよう。

① まず，食品安全委員会とは食品安全基本法に基づき内閣府に置かれた委員会であり，食品や添加物，医薬品，農薬，肥料等の安全性等を評価することを目的としている[71]。その役割は，厚労省に置かれる薬

事・食品衛生審議会と似ているが，特別の独立性が認められているのが特徴である。

　すなわち，第４章でも見たように，「行政委員会」と呼ばれる行政組織では，その構成員（委員）に特別の身分保障が認められており，かつ，権限行使に関して大臣の指揮監督を受けないといった独立性が法律で保障されていることが多い。これは，政治的な圧力を排して中立的・専門的な見地からの判断を確保するためである。

　食品安全委員会についても，他の省庁から離れて内閣府に設置されているように，このような独立性が認められている。食品等の安全に関する規制は厚生労働省の他，農林水産省や環境省，消費者庁でも実施されているが，これらの関係省庁から距離を置いて，より中立的な立場からリスク評価を行うのがその任務とされている。いわば，関係省庁と食品安全委員会でダブル・チェックを行う体制が用意されているのである。

②　次の「消費者庁との協議」は，乳児用液体ミルクの「表示」に関して消費者庁と協議することを意味する。実は，乳幼児の発育や病人の健康回復等に適するといった特別の用途を製品に表示する際には，別に消費者庁長官の許可を受けなければならない（健康増進法26条１項）。これを「特別用途表示」と呼んでいる。科学的な根拠もなく「発育等に適する」という表示がされると，消費者が誤信して大きな損害が生じるおそれがある。そこで，事前に消費者庁が科学的なデータに基づき表示の適正さを審査するのである。

　他にも，乳児用液体ミルクのような新製品に関しては，その使用方法を消費者が正確に理解していない可能性が残る。例えば，開封後には直ちに使い切る，といった衛生的な取扱いが求められることから，

71　食品健康影響評価とは，病原菌や添加物，農薬等の危害要因が人の健康に与える影響について評価を行うことを意味する。食品安全委員会では，専門家による分析を通じて，どの位の確率でどの程度の健康への悪影響が起きるかを科学的に評価している。

消費者に正しく情報が伝わるよう，消費者庁で表示のあり方が検討されたのである。

このように，現実の行政過程を分析する際には省庁間の役割分担に注意する必要がある。すなわち，厚生労働省が衛生面からのチェックを実施するのに対して，消費者庁は製品の表示の適正さを確保するといったように，それぞれが専門知識を活かして公益を守っているのである。

しかし，逆に言えば，両省庁の判断が一致して初めて乳児用液体ミルクの販売が可能となることから，省庁間の協議・調整が重要となってくる。また，もし調整がつかない場合には，内閣総理大臣が指揮命令を発動することで解決が図られることから，内閣総理大臣のリーダーシップも求められてくる。省庁の役割分担が重要であるとしても，内閣としての統一性を確保するために，最終的には内閣総理大臣の決断にかかっているのである。

③　最後の「パブリックコメント」とは，行政手続法に基づく手続であり，正式には「意見公募手続」と呼ばれる。これは，政省令や通達等の行政立法を改正する際に，事前に国民から広く意見を募った上で，それらの検討結果を回答するという仕組みである（38条以下）。

乳等省令の例からも分かるように，行政立法の制定は関係する事業者や消費者等に大きな影響を与える。また，その是非を検討する際には高度な専門知識も必要になるので，行政内部の検討だけでは見落としも出てくるかもしれない。そこで，改正の問題点等について広く意見を募ることで，行政立法の妥当性をより高めることが意図されているのである。

もっとも，行政庁としては寄せられた意見に従う必要はないので，パブリックコメントを実施しても，行政立法の内容に影響が及ぶこと

は稀である。しかし，行政庁には「提出意見を考慮した結果（……）及びその理由」を公表することが義務付けられるので（43条1項四号），改正の必要性や妥当性について，より丁寧に説明責任を果たさなければならないのである[72]。

これまで見てきたように，省令改正という段階だけ見ても，実に複雑で長期間にわたる手続がとられていることが分かる。迅速性や効率性という観点からはデメリットもないわけではないが，人々の生命や健康に関わる以上，多面的かつ慎重な検討が不可欠となるし，慎重な検討を経ることで省令改正に対する国民の信頼が高まることも期待できる。「行政の動きが遅い！」といった批判をよく耳にするが，行政庁の対応に時間がかかることには相応の理由があるのである。

そのおかげか，乳児用液体ミルクが子育て世帯に急速に普及しつつあり，その評判もかなり高いようである。省令改正が人々のライフスタイルに大きな変化をもたらした一例であると言えるだろう[73]。

3.　行政過程について

2で説明したように，行政立法の過程にも様々な手続があるが，行政過程全体から見るとごく一部に過ぎないことになる。そもそも，法律が制定されて初めて行政立法の整備が進むし，行政立法が改正されると行政処分の運用も変わるというように，行政立法はその前後の過程と密接に関係している。また，これら以外にも，行政計画や行政手続，行政訴訟といった様々な段階があり，互いに密接に関係している[74]。

---

[72]　乳児用液体ミルクに係る乳等省令の改正についても，パブリックコメントが実施され，寄せられた意見とその回答が公開された。

[73]　情報サイト「ベビーカレンダー」が実施したアンケートによると，2020年3月の時点で，回答者の約4割が乳児用液体ミルクを利用した経験があった。また，回答者の約8割が「（利用して）とても良かった」「まあ良かった」を選択しており，満足度も高いことが分かる。

「3.11「液体ミルク」発売から1年！　使ったことがあるママ10倍に増加」
https://baby-calendar.jp/smilenews/detail/13436

　そのため，行政法の内容を的確に理解するためには，行政過程全体を視野に入れる必要が出てくる。また，現実の行政組織がどのように動いているのか，という動態的側面を理解するためにも，行政過程の基本的仕組みを押さえることは有益だと思われる。そこで以下では，それぞれの段階を時系列の順で学んでいこう。

　建築基準法に基づく除却命令を例にして行政過程の基本的な流れを説明すると，図4のように表すことができる（説明の便宜のために実際の過程を簡略化している）。すなわち，建築基準法の制限（用途規制や建蔽率・容積率等）に違反する建築物については，行政庁は9条に基づき除却命令（⑥「行政処分」に当たる）を発することができるが，その前後には様々な過程が存在するのである。

(1)　まず，行政過程の第一段階として①「法律の制定」がある。先に学んだように（→第2章），規制行政については，法律の留保の原則が妥当するので，行政庁は法律の根拠なしでは活動できない。また，給付行政についても，法律が制定されて人々に受給権が保障されることが少なくない。それゆえ，法律の制定が行政活動の端緒になると言える。

　　もちろん，法律の制定は国会の権限であるが，「内閣提出法案」と言われるように，法律の原案を作成するのは厚生労働省のような省庁であることが多い。従来の法律では対処しきれない問題が生じた場合，各省庁は問題点を検討し，法案を提出することでその解決を図るのである。その際には，2で述べたように，審議会といった行政機関で専門家を交えて検討が進められることもある。

(2)　次の段階として②「基準の設定」を挙げることができる。第2章や本章2で繰り返し説明したように，法律では制度の基本的仕組みを定

74　乳児用液体ミルクを例にすれば，食品衛生法13条に基づく規格基準が改正されたことから，製造業者に対する営業停止（60条）等の行政処分の運用も変更される。すなわち，60条1項は，「第十三条第二項……の規定に違反した場合」と定めているので，規格基準が改正されると営業停止等の要件も連動するのである。

図4　行政過程の概要

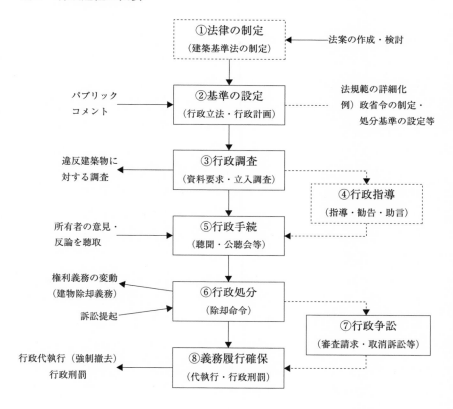

めるにとどめて，より詳細な基準は別に行政立法（政省令・通達等）で定めることが一般的である。立法機関と行政機関で役割が分担されていて，法律の執行に必要となる具体的な基準は行政庁自らが定めるのである。

　行政立法の影響力が極めて大きいことも先に見た通りである。時には法制度の実質が行政立法で定まることもあるので，審議会への諮問

やパブリックコメントなど，その適切さを高めるための手立てが導入されている。

　その他に，基準が「行政計画」で定められる場合もある。例えば，都市計画法に基づく都市計画や土地区画整理法に基づく土地区画整理事業計画，介護保険法に基づく介護保険事業計画などが挙げられる[75]。第5章で取り上げた新型インフルエンザ等対策特別措置法でも，対処方針等をまとめた「行動計画」を国（政府）や都道府県が定めることとされている。

(3)　行政庁が法律を適用して行政処分等をする際には，その前提となる事実を調べる必要がある。これが③「行政調査」の段階である。

　例えば，第2章で見たように，食中毒事件を起こした疑いのある飲食店に営業停止処分をする際には，その飲食店で提供された料理に有害な病原菌が付着していたか，といった点を調べることが求められる。そこで行政庁には，食品衛生法28条に基づく立入調査の権限が認められている。その他にも，飲酒運転等を摘発するために警察の行う自動車検問も行政調査に当たる（警察官職務執行法2条1項）。

　一方で，行政調査に不十分な点があると行政処分の適法性を支える根拠が揺らぐので，行政調査の権限を強化することが求められるが，他方で，行政調査がもたらす人権侵害の危険性に鑑みると，一定の制約を及ぼす必要もある。とりわけ，行政刑罰等を用いて強制的に調査を実施する場合には，法律の根拠が必要になる上に，行政法の一般法原則に適合することも求められる。

　このように，行政調査それ自体が人々の権利利益に重大な影響を及

---

[75] 都市計画について言えば，用途地域の種類や市街化区域の範囲，都市施設の建設予定地等を定めるものであり，後の開発許可や建築確認といった行政処分の基準となる。例えば，用途地域を「工業専用地域」と定めると，住宅の建設が規制されて建築確認が不許可になるのである。なお，行政計画には，人々の権利義務や行政機関の権限を直接に左右する「拘束的計画」と，行政上の目標・指針を示すに過ぎない「非拘束的計画」がある。

ぼすことから，この過程をできる限り適切で合理的なものにすること
が望ましい。行政過程論で行政調査が取り上げられる理由はこの点に
あると言えるだろう[76]。

(4)　次の④「行政指導」とは，行政庁が人々に対して要請をすることを
　意味する。営業停止命令といった行政処分には法的な強制力が備わっ
　ているのに対して，行政指導はあくまで「お願い」であり，法的な効
　果を有しない事実行為に当たる。そのため，要請を受けた者が従わな
　かったとしても，行政刑罰や代執行等の強制的手段（義務履行確保）
　の対象となることはない。

　　法的な強制力が備わっていないとはいえ，行政指導は実務では頻繁
　に用いられている。行政処分をするに至らない軽微な違反や，法的な
　規制が認められていない事項については，行政指導を用いて相手方の
　協力を求めることで問題の解決が試みられることが多い。

　　また，行政過程の中でも，行政指導が重要な役割を担うことが少な
　くない。例えば，営業停止処分をする前に，違反行為を是正するよう
　に行政指導で求めることがある（これを「勧告」と呼ぶことがある）。
　行政指導で予め警告を与えることで，違反者が自主的に対応すること
　を促しているのである。また，申請に基づく行政処分（許認可等）に
　ついても，行政指導として，行政庁が申請内容の修正を申請者に求め
　ることもある。これらの行政指導は，行政処分に至る前段階として，
　人々と行政庁との交渉手段として機能していると言えるだろう。

(5)　⑤「行政手続」とは，行政処分の前段階として実施される事前手続
　（聴聞や弁明の機会の付与，公聴会等）を意味し，その一般法として

---

[76]　なお，行政調査には，行政処分の前段階として実施されるものと，政策立案の
基礎的データを集めるものの2種類がある。例えば国勢調査をはじめとする統計
調査（職業や年収，住居の広さ・家族構成等の調査）は，国や地方自治体が実施
する政策の基礎資料になるものであり，個別・具体的な行政処分を直接基礎付け
るものではない。このような統計調査に関しても，プライバシーや個人情報保護
の観点から問題が指摘されることもある。

「行政手続法」が定められている。

　行政手続の意義は，行政処分を行う前に相手方（処分の名宛人）や利害関係者の意見を取り入れることで，判断の公正さ・合理性をより高めることにある。実際，行政調査だけでは十分な資料が集まらない場合もあるし，行政庁だけで一方的に判断すると，恣意的な決定になってしまうおそれもある。そこで，関係者の反論等を十分に聞くといった適正な手続がとられるのである。

(6)　既に学んだように，⑥「行政処分」（「行政行為」と呼ばれることもある）とは，人々の権利義務を具体的かつ個別的に変動させるような意思表示（決定・命令）を意味する。法律や政省令の定める一般的・抽象的な権利義務を，行政庁が特定の個人や法人を対象として個別的に確定することがその特徴である。

　例えば，第2章で見た食品衛生法は，飲食店を営業する際の衛生基準を一般的・抽象的に定めているが，特定の個人Aが特定の店舗Bで飲食店を営むことができるか否かは，申請に基づき「営業許可」（55条）により決定される。この営業許可はAの個別的な権利義務を確定させる法的効果を有するので，行政処分の典型例に当たると解されている。

　従来から行政法学では，この行政処分（行政行為）は最も重要な行為形式として位置付けられていた。行政法理論は行政処分概念を中心に展開されてきたと言っても過言ではないだろう。実際，行政裁量論や行政救済法といった他の項目でも行政処分の概念が登場するので，その定義や特徴を正しく理解しておこう。

(7)　行政処分に対して人々が不服を抱く場合，その是正を求めて裁判所に提訴したり（行政訴訟），行政庁に申立てをしたりすることができる（行政不服審査）。これらの権利救済手段を併せて⑦「行政争訟」

と呼んでいる[77]。

　前者の行政訴訟には，取消訴訟をはじめとする様々な訴訟形式があるが，共通点として，裁判所が行政処分等の適法性を審査し，違憲性や違法性が認められる場合には，その是正を命じることが挙げられる。後者の行政不服審査とは，人々の申立てを受けて行政庁自らが処分の妥当性・適法性を判定するという仕組みであり，行政庁が自主的・内部的に行政処分の再評価を行うのが特徴である。

(8)　行政過程の最後の段階が⑧「義務履行確保」である。第2章や第4章で学んだように，営業停止や明渡裁決等の行政処分を受けた者（名宛人）が義務の履行を拒む場合がある。その場合には，公益を実現するために，物理力を行使したり（ブルドーザーで建物を破壊する），刑罰を科したり（逮捕して刑務所に収容する）することで，強制的に義務を実現する必要が生じる。

　その主な手段としては，行政刑罰（刑事罰）や行政上の秩序罰，代執行，執行罰，金銭の強制徴収があるが，第5章で見たように（制裁型）公表という新しい手法もある。これらをまとめて「行政上の義務履行確保」と呼んでいる。基本的人権に対する侵害が著しいことから，その行使に慎重を期すべきことは第4章で見た通りである。

　法制度の実効性は義務履行確保の成否にかかっていることから，法制度を設計する際には，義務履行確保にまで意を用いる必要がある。行政刑罰や代執行を導入するだけでなく，実際に執行にあたる公務員を養成したり，詳細な基準やマニュアルを設定したりする等の対策が求められる。行政過程の最後には実に大きな難問が立ちはだかっているのである。

---

[77]　通常，行政争訟は行政処分の後の段階に位置するが，「差止訴訟」のように行政処分がされる前に救済を求めることができる場合もある。このように，図4で示した行政過程には様々な例外もある。

4. 終わりに

　以上のように，行政過程という視点は行政法の解釈論や立法論にとっ
て有益であると考えられる。例えば，行政処分の適法性を評価する際に
は，基準の設定や行政調査，行政手続等も併せて考慮する必要がある
し，法制度を設計する際には，行政処分の仕組みだけでなく，行政争訟
における権利救済や義務履行確保の実効性なども考慮に入れる必要があ
る。また，行政処分に至るまでの過程で行政庁と人々がどのように交渉
しているのか，といった動態的側面を把握することも可能になる。
　第7章以下では，この行政過程の全体像を踏まえた上で，個々の段階
についてより詳しく見ていこう。

学習課題

1．行政計画のうち，都市計画図については，市町村や都道府県のHP
　で公開されている場合が多い。下記の渋谷区HPを閲覧して，どのよ
　うな計画が立てられているか，特に都市計画道路に着目して調べてみ
　よう。
　「都市計画図等（用途地域・日影規制等）の閲覧」
　https ://www. city. shibuya. tokyo. jp / kankyo / toshi _ keikaku / toshi _
　soudan.html
2．記事で取り上げた「器具容器包装・乳肉水産食品合同部会」につい
　ては，厚生労働省の下記HPで資料や議事録が公開されている。部会
　でどのような議論が展開されたか，議事録を閲覧して調べてみよう。
　「薬事・食品衛生審議会　器具容器包装・乳肉水産食品合同部会資料」
　https : //www.mhlw.go.jp/stf/shingi2/0000196979.html

「2018年3月12日　薬事・食品衛生審議会食品衛生分科会器具容器包装・乳肉水産食品合同部会議事録」
https：//www.mhlw.go.jp/stf/shingi2/0000200111.html

7 | 行政過程2—行政立法

《**学習のポイント**》 法律の内容をより具体化するために行政機関が法規範を定立することを「行政立法」と呼ぶ。行政立法には政省令や通達等があるが，本章ではその意義や具体例を学ぶ。
《**キーワード**》 行政立法，法規命令，行政規則，政令，省令，通達

ドローン飛行情報，一目瞭然
事前の登録義務づけ，国交省サイトに表示へ
（朝日新聞デジタル版　2019年7月7日）

　国が飛行を許可したすべてのドローンの運航情報を，第三者がネットで見られるようになることが分かった。情報を広く共有してドローン同士の衝突やヘリコプターなどとの事故を防ぐ目的がある。

　国土交通省は航空法に基づく通達を改正し，7月中に施行する。それ以降，国の許可が必要な空域でドローンを飛ばす人は事前に情報をサイトに登録することが義務づけられる。公開されるのは，飛行する日時や場所，高度といった情報。ドローン運航者向けの国交省のサイト「飛行情報共有システム」に登録すると，地図上に情報が示される。運航者でなくても利用登録すれば誰でも情報を閲覧できる。

　背景にあるのは，ドローンの急速な普及とそれに伴うトラブルの

増加だ。

　ドローンはここ数年で農薬散布や空撮，測量，輸送など様々な分野で活用が広がっている。航空法では200グラム以上のドローンについて，高さ150メートル以上の空域や，イベント会場や空港周辺，人口密集地上空，夜間や目視外で飛行させる場合に国の許可が必要と定めている。ただ，サイトへの登録は任意のためほとんど入力されておらず第三者が情報を確認できる例は少ない。……

　東京五輪が近づくにつれ，ドローンによる空撮などはいっそうの増加が見込まれる。そのため，国交省は運航者同士が情報を共有することが不可欠だと判断した。

1. はじめに

　本章では，ドローン（航空法上は「無人航空機」と呼ばれる）に関する記事を参考にして，行政立法について学ぶことにしよう。

　いわゆる「ドローン」とは，小型のヘリコプターのような機体であり，パソコン等を用いて無線で操縦して，上空からの撮影や物品の輸送などに用いるものである。IT技術の発達により小型で安価なドローンが開発されたことから，近年急速に普及している（家電量販店等でドローンを見かけたことがある読者も多いだろう）。しかし，それに応じてトラブルや問題も増えていることから，「航空法」と呼ばれる法律で規制をかけている。

　今回の記事では，ドローンに対する規制が強化され，飛行に際しては事前に「飛行情報共有システム」への登録が義務付けられたことが取り上げられている。第2章でも見たように，社会状況や国民意識の変化に

応じて，公益をより守るために規制が強化されることが少なくないが，今回もその一例に当たる。ただし，飛行情報共有システムへの登録それ自体はそれほど重い義務ではないと言える。入力の手間があるものの，必要な事項を登録すればそれで義務を果たしたことになるからである。

　この問題についても，次の二つを分けて考えてみよう。まず，今回の規制強化に必要性や合理性が認められるか，という問題が挙げられる。関連して，そもそもドローン規制はどうあるべきか，という点に踏み込む必要もあるかもしれない。次に，規制強化が正当化されるとして，その法的根拠は何か，という問題がある。第2章では豚肉の生食禁止が省令の改正によって定められていたし，第5章で見た新型インフルエンザ等対策特別措置法のように，法律が新たに制定されることもある。

　本章では，行政立法の観点から後者の問題に焦点を当てると，「航空法に基づく通達を改正し……」という一節がポイントになることが分かるだろう。法律でもなければ省令でもなく，「通達」が根拠となっている。通達が行政立法の一種であることは第3章で触れたが（生活保護法に関して厚生労働大臣が発した「通知」がこれに当たる），詳細については2で説明しよう。

　その前に，ドローン規制の必要性について少し考えてみよう。まず，ドローンの持つ潜在的可能性が非常に高いことを踏まえると，なるべく規制をかけずに自由に使用を認めた方が経済的な効果を期待できるという考え方がある。記事でも紹介されているように，物品の配達やPRビデオの撮影，農薬散布，測量調査，監視警備などの分野で，ドローンを活用することで業務の効率性を高めることができるので，規制強化には慎重であるべきと主張されるのである。

　他方で，新しい技術であるがゆえに，犯罪に悪用されるおそれや想定外の事故をもたらす危険性もある。例えば，ドローンに爆弾を積んでテ

ロ事件を起こしたり，住宅等を盗撮・監視してプライバシー侵害をもた
らしたり，墜落事故等で人々に危害を与えたりしたことが既に報道され
ている。そこで，ドローンの利便性を認めつつも，公共の福祉の観点か
ら制約を及ぼすことも正当化され得る。

　結局，ドローン使用の自由も基本的人権として保障されるので，公共
の福祉に基づく合理的な制約であれば，規制を及ぼすことも憲法上許容
されると考えられる。そこで改めて航空法に基づくドローン規制を概観
してみると，現行の規制に必要性と合理性を認めることができると筆者
個人は考えるが，詳細について立ち入る余裕がないので，この問題につ
いてはこれ以上触れないでおこう。

2.　航空法に基づくドローン規制

　ここでは，記事をよりよく理解するために，航空法の定めるドローン
規制について簡単に紹介しよう。

　航空法とは，その名の通り，航空機の運航や飛行場の運営，航空運送
事業等を対象とする法律であり，航空機の安全性の確保や運航に起因す
る損害の防止，利用者の利便の増進等を目的としている。基本的には有
人飛行機（操縦者や旅客が搭乗する機体）に関するルールを定めている
が，その第9章「無人航空機」では，ドローンのような無人航空機に関
する規制が置かれている。

　第9章の規定を確認すると，まず，①飛行禁止区域が定められてい
て，この区域内では国土交通大臣の許可がない限りドローンを飛行させ
ることはできない（132条）。次に，②飛行の方法に関するルールとし
て，アルコールや薬物を摂取して飛行させてはならないこと，常時目視
によりドローンの飛行を監視すること，急降下等の危険な飛行をしない
こと，危険な物品を輸送しないこと等が定められている。ただし，国土

交通大臣の特別の「承認」がある場合には、これらのルールが緩和される（132条の2）。その他、③捜索、救助等のためにドローンを用いる場合の特例も認められている（133条の3）。

　以上のように、ドローン規制の仕組みはそれほど複雑なものではない。飛行禁止区域でなければ、②のルールを守る限り飛行は許容されているし、飛行禁止区域であっても、国土交通大臣の許可を受けることで禁止が解除される。このような仕組みを「許可制」と呼ぶことは第1章や第2章で学んだとおりである。

　さて、記事で取り上げられている飛行情報共有システムへの登録は、これらのルールとどのように関係するのだろうか。上述の132条の2の規定を見ても、航空機や他の無人航空機との衝突を避けること、というルールはあるものの（同条三号）、システムへの登録それ自体が義務付けられているわけではない。また、関連する政令（航空法施行令）や省令（航空法施行規則）にも登録に関する規定は見当たらない。そうすると、記事にあるように、やはり「通達」がポイントになるようである。

　かなり難解な問題であるが、実はここでは「無人航空機の飛行に関する許可・承認の審査要領」（2015年11月17日制定（国空航第684号、国空機第923号））と題する通達が関係してくる。これは、許可（132条）と承認（132条の2）に関する考慮事項を国土交通省の「航空局長」が示した通達であり、審査に当たる担当公務員はこの通達の定めに即して許可・承認の可否を判断することが求められている[78]。この審査要領の具体的内容については後に説明するとして、まずはその法的性質について考えてみよう。

　この点、審査要領をはじめとする通達は、行政立法の一種であるものの、政省令とは異なる法的性質を有している。政省令のように、国民の

---

[78] この審査要領は2015年11月の制定後、何回か改正されているが、2019年7月26日の改正により「飛行情報共有システム」への登録が新たに義務付けられた。「国空航第684号」といった記号は、通達を発出した部署を示すものであり、具体的には「国土交通省航空局技術部運航課」を意味する。

表2　法規命令と行政規則の違い

	法的効果	裁判規範性	法律による委任
法規命令	外部効果（人々の権利義務を規定）	裁判所が適用すべき法規範に当たる	必要（委任の範囲を超えるものは無効）
行政規則	内部効果（行政組織内部でのみ妥当）	裁判所が適用すべき法規範に当たらない	不要（上級機関に認められた権限に基づく）

権利義務を直接に規定する効果（外部効果）を有するものを「法規命令」と呼ぶのに対して，通達とは，行政組織の内部限りで妥当する効果（内部効果）しか有さないものであり，「行政規則」に分類される。

　少し難解な点であるので，両者の違いを整理しておこう（表2参照）。ここでいう「裁判規範性」とは，裁判官が判決を下す際に規定に拘束されるのか，それとも，規定を無視して独自に解釈することができるか，という点に関わってくる。

　そもそも，裁判所とは司法権を担う機関であるので，法に基づき判決を下すことが求められる。すなわち，大前提である法規範に小前提である事実を当てはめる，という法的三段論法に依拠しなければならない（もちろん，裁判官は解釈で法規範の内容を変更できるが，それでも法規範から完全に離れて判決を下せるわけではない）。そのため，裁判官の判断は法規範の内容にかなりの程度拘束されるのである。

　一方で，法規命令には裁判規範性が認められるので，裁判官は規定を適用して判決を下さなければならない。他方で，行政規則には裁判規範性は認められないので，裁判官は規定に拘束されずに判決を下すことができる。

　この違いはそれぞれの法的根拠に由来するものである。先に見たように，法規命令は法律の委任に基づき定められることから，立法者（国会）からの明示的な授権に基づき行政庁（内閣や大臣等）が規範の定立

を担っている。言い換えると，行政庁が立法権を分担していると考えられるので，裁判規範性を認めることに特に支障はない。他方で，行政規則については，法律の委任が存在しないので，行政庁は立法権を分担する資格を有さない。そのため，裁判規範性が認められないのである。

　しかし，裁判規範性がないとすると，行政規則を定める意味がどこにあるのか，疑問に思う人もいるかもしれない。関連して，行政規則には「内部効果」が認められるとされるが，これはどのような効果なのだろうか。

　ここでいう内部効果とは，行政組織の内部で，上級機関の発する指示に下級機関が従わなければならないことを意味する。一般に，上級機関は下級機関に対して業務に関する指揮命令を発する権限を有しており（国家行政組織法10条），その一環として，通達を発して事務処理の方針を下級機関に示すことも認められている（14条）。下級機関がこれに従わないと，命令不服従として懲戒処分の対象となり得るので（国家公務員法82条），その限りで通達にも法的効果が備わっているのである。

　さて，「無人航空機の飛行に関する許可・承認の審査要領」も行政規則に過ぎないことから，法律の委任なしで発出することが許されている。冒頭部分を見ると，上級機関である「航空局長」が下級機関に対して審査の基準を示したものであることが見て取れる。今回の規制強化は，航空局長が審査要領を改正することで実現したのである。

　審査要領の法的性質を学んだところで，次はその内容を見ていこう。国土交通省のHPに掲載されている審査要領を閲覧すると，30頁程度にわたって審査の際の考慮事項が詳述されており，さらに申請書の様式も載っている。

　その内容は多岐にわたっているが，例えば「2－2申請書の記載事項の確認」として，申請者の氏名・住所の他，無人航空機の製造者・名

称・重量，飛行の目的・日時・経路等について，事細かに記載すべき事
項が説明されている。

　重要となるのが「4．許可等に係る基本的な基準」であり，無人飛行
機が備えるべき機能・性能や利用者の飛行経歴・知識・能力，安全確保
のための体制，飛行マニュアルの作成等に関して，達成すべき基準が置
かれている[79]。また，特に危険性の高い飛行（空港周辺や家屋密集地
域，夜間飛行等）については，より厳格な基準が定められているので，
審査がより厳しくなることが見て取れる。

　以上のように，許可の際の考慮事項が細かく定められているのが本要
領の特徴であるが，他の許可制度についても，このような詳細な基準が
通達の形式で定められていることが多い。したがって，許可の実務を知
るためには通達の規定を参照する必要がある。

　次に，飛行情報共有システムへの登録について要領の規定を確認する
と，安全確保体制の基準の一つとして，「飛行経路に係る他の無人航空
機の飛行予定の情報（……）を飛行情報共有システム（……）で確認す
るとともに，当該システムに飛行予定の情報を入力すること」（要領4
－3－1(2)）と定められていることが分かる（ただし，入力を省略でき
る例外も認められている）。

　結局，記事にある「航空法に基づく通達を改正し……」とは，132条
に基づく飛行許可について，その審査基準である要領が改正され，新た
に飛行情報共有システムへの登録が追加されたことを意味する。かなり
複雑な仕組みではあるが，許可制度と通達（要領）の関係性について正
しく理解しておこう。

　もっとも，実際にドローン飛行許可を申請する場合には，航空法の規

---

[79]　いくつか例を挙げると，無人飛行機が「鋭利な突起物のない構造であること」
（要領4－1－1(1)）とか，利用者が「10時間以上の飛行経歴を有すること」（要
領4－2(1)），「原則として第三者の上空で無人航空機を飛行させないこと」（要
領4－3－1(1)）などの基準があるが，例外も多数置かれていることに注意する
必要がある。

定や要領の法的性質はほとんど注目されないと思われる。申請者も，国土交通省の作成したパンフレット等を参照して基準を確認するにとどまり，その法的根拠を突き詰めたりはしないのではないだろうか。

　しかし，行政法学の観点からは，規制強化の根拠が法規命令（政省令）か行政規則（通達）か，という違いは極めて重要である。それは上述した裁判規範性の有無にかかわってくる。以下，復習も兼ねて，通達による規制強化の意義と限界について説明しよう。

　実際に要領を読むと分かるように，通達で定められる基準は極めて事細かい。これは事務処理の均一性を確保するためであるが，安全性の確保に関わる基準が多いとはいえ，基準を簡略化して許可をとりやすくした方が望ましいとも考えられる。

　また，そもそも航空法132条の規定を読み返すと「その飛行により航空機の航行の安全並びに地上及び水上の人及び物件の安全が損なわれるおそれがない」という基準が定められていることから，要領に適合しているか否かを問わず，実質的に安全性が確保されているのであれば，許可を与えるべきであるようにも思われる。

　飛行情報共有システムへの登録についても，登録によりドローンの飛行情報が一元的に把握できるようになることから，安全性向上につながると言える。しかし，登録がなければ許可を認めない，といった厳格な運用をとる必要が本当にあるのか，疑問の余地がないわけではない。

　そこで思考実験として，ある利用者が敢えて飛行情報共有システムへの登録を拒否した上で，飛行許可の申請をしたとしよう。審査を担当する国土交通省の公務員は，要領に即して審査を実施し，通常は登録の欠如を理由に許可を拒否するだろう（もっとも，要領の例外規定を適用して許可が認められる場合もあり得る）。そこで，申請者がこの拒否処分の取消訴訟を提起すると，裁判所はどのような判決を下すのだろうか。

　行政規則に裁判規範性が認められないことから，要領の定める基準に即していないとしても，申請が法律（特に航空法132条）の趣旨に適合していると裁判所が判断することも許される。その場合には，当然，拒否処分は違法とされる。他方で，要領の定める基準を裁判所が是認した上で，登録を怠った以上，拒否処分は適法になると判断することもできる[80]。

　いわば，裁判官にとって，通達等の行政規則は法解釈のための参考資料に過ぎない。そのため，通達等で示された基準が法的に妥当するか否かは，訴訟が提起されて判決が下されるまで判明しないのである。

　この点は行政法に詳しくないと誤解しやすいところでもある。多くの人々にとって，行政庁が通達で示す許可基準は絶対的なものに見えるかもしれないが，実際には，裁判所によって基準が覆される可能性もある。そこで，基準にどうしても納得できない場合には，敢えて裁判を提起するという方法もある。基準が不合理なものであったり，法律の趣旨に適合しなかったりする場合には，裁判所がその法的効力を認めないことも期待できるだろう。

　これまで説明したように，通達や要領といった行政規則には，行政庁が任意に策定できるという側面と，その法的効力は裁判所の解釈次第であるという側面がある。この二面性が行政規則の特徴となるので，正しく理解しておこう。

3. 行政規則の外部化現象

　行政規則に内部効果しか認められないことは繰り返し説明したが，限定的な形で外部効果が認められる場合もある。これを「外部化現象」と呼ぶことがある。

　この外部化現象は，行政庁が行政規則の定めに反して行政処分をした

80　結局，要領の定める基準を是認するか否かは，裁判所の自由に任されていると言える。要領の内容が合理的であり，法律の趣旨に適っていると裁判所が評価する場合には，裁判所はこの要領に即して判決を下すのである。

場合に問題となる。再びドローンの飛行許可を例にすると，申請が要領に定める基準をすべて満たしているにもかかわらず，なお安全性が十分に確保されていないとして，国土交通大臣が許可を拒否したとする。この場合，拒否処分は適法になるのだろうか，それとも違法になるのだろうか。

　行政規則に外部効果は認められないという原則を貫くと，行政処分が要領に反するとしても，法律それ自体に反しないのであれば，なお適法であるという結論になるだろう。しかし，行政規則とはいえ，行政庁が要領で基準を定めた以上は，ある種の自己拘束が生じて，合理的な理由がない限りはこの基準に従わなければならないという考え方もある。そうすると，要領に反する行政処分は原則として違法になることになる。

　近年の判例では，平等原則や信義則を理由として後者の考え方に立つ判例も現れている。行政規則とはいえ，一定の限度で裁判規範性が認められるのであり，これを「行政規則の外部化現象」と呼ぶのである。

4.　法規命令とその限界（委任立法の限界）

　法規命令については，既にその基本的な仕組みは説明したので（→第2章・第6章），ここでは，補足すべき事項について説明しよう。

　そもそも，なぜ法規命令が必要とされるのか，という点については消極・積極二つの理由が考えられる。まず消極的な理由としては，民主主義の観点からは，法規命令による立法を認めずに，法律で全てを規定する方が望ましい。しかし，法律の制定や改正には多大な時間的・人的コストがかかるために，法律で全てを規定することは不可能であるか，そうでなくとも著しく非効率であると言わざるを得ない。そこで，迅速さと効率性を高めるために法規命令が活用されるのである。

　他方で，立法府（国会）と行政府（内閣・各省庁）の適切な役割分担

を図る，という積極的な理由も挙げることができる。すなわち，専門的・技術的な事項や政治的中立性が必要とされる事項等については，国会が直接に立法するのではなく，行政庁に法規範の制定を委ねた方が，より合理的で適切な内容となることが期待できると考えられるのである。

　このように，法規命令を活用することには相応のメリットが認められるが，法規命令の制定に際して行政庁が恣意に走るおそれがないわけではない。そのため，法律による委任との関係で，法規命令の制定には限界が存在しており，これが歯止めとして機能している。以下，この「委任立法の限界」の問題を取り上げよう。

　確認しておくと，法規命令は，その定義上，人々の権利義務を左右する法規範であるから，法律の委任を必要とする。そのため，法律の委任なくして制定された法規命令は，法律による行政の原理に反するものとして当然に無効になる。

　ここで注意を要するのは，法律の委任があるとしても，その委任があまりに広範で包括的なもの（「白紙委任」と呼ばれる）である場合や，委任の範囲を超えて法規命令が制定された場合には，やはり無効になることである。

　実際，委任の範囲が包括的に過ぎると，行政庁が恣意的に法規命令の内容を決めることができるので，法律による行政の原理が損なわれる結果となる。そこで，このような白紙委任を認める法律については，法律そのものが憲法違反になると解されている[81]。

　次に，法律の明示的かつ具体的な委任があるが，法規命令がその委任の範囲を超える場合には，やはり無効になると解されている。これが法規命令の内容に関する限界である。

81　例えば，第2章で取り上げた食品衛生法13条を読み返すと，「公衆衛生の見地から」とか「販売の用に供する食品若しくは添加物の製造，加工，使用，調理若しくは保存の方法につき」といった限定がかけられている。このように，法規命令の対象や目的，程度を法律で明記することが求められるのである。

116

　委任の範囲を超えたか否か，という点は，法律の趣旨を解釈した上で判定されるが，実際にはその判定が困難である場合が少なくない。委任立法の限界が争われた事例は少なくないが，一例を挙げると，銃砲刀剣類所持等取締法（以下「銃刀法」という）とその委任命令である銃砲刀剣類登録規則（以下「登録規則」という）の関係が問題となった事例がある[82]。

　さて，登録規則の定めによれば，「日本刀であって」という限定があるので，サーベル等の西洋刀については，いくら美術品としての価値が高くても登録が認められる余地はない。しかし，銃刀法14条1項は「美術品として価値のある刀剣類」という定めを置いているので，素直に読めば，外国製の刀剣の登録を制限する趣旨を読み取ることはできない。そうすると，登録規則が「日本刀であって」という限定を付していることは，委任の範囲を超えるのではないか，という疑いが生じる。

　しかし，西洋刀（サーベル）の登録拒否が問題となった事案で，最高裁は，登録基準の策定に関して行政庁に専門技術的な観点からの一定の裁量権が認められているとした上で，登録規則が委任の範囲を超えるものではない，と判示している（最判平成2年2月1日）。その理由付けは必ずしも説得的ではないが，刀剣類の所持の自由が基本的人権として強く保障されるわけではないことを踏まえると，登録規則の有効性を認めたこと自体は是認できるだろう[83]。

　以上のように，法規命令の有効性は無条件に承認されるわけではない。法規命令には裁判規範性が認められるので，裁判官はこれを適用して判決を下さなければならないが，委任の範囲を逸脱する場合には裁判

82　拳銃や日本刀などの銃砲刀剣類は，銃刀法によってその所持・使用が厳格に禁止されているが，「美術品」としての価値があるものは，都道府県教育委員会の登録を受けることを条件に，例外的にその所持が許されている（3条六号・14条1項）。また，「美術品」に関する詳細な基準の策定は文部科学省令に委任されている（14条5項）。この委任を受けて登録規則4条2項は，刀剣類の基準として「刀剣類の鑑定は，日本刀であつて，次の各号の一に該当するものであるか否かについて行なうものとする（以下略)」と定めている。

官は逆にその無効を宣言しなければならない。

5.　終わりに

　本章では，ドローン規制を題材として，法規命令や行政規則による法規範制定について学んだ。現実の行政過程では法律よりもこれらの行政立法が重要な役割を果たしていることが多いが，その法的効果には限界も存在することに注意しよう。憲法や法律を頂点とする法体系の下では，行政立法には一段劣る地位しか認められないが，意外なことに，国民や当の公務員もこの点に気付かないこと（あるいは，気付かないふりをすること）が少なくないのである。

学習課題

1．法規命令の限界が争われた重要な事例として，旧薬事法施行規則が無効とされた最判平成25年1月11日がある。下記の裁判所HPに掲載されている判決文を読んで，その内容をまとめよう。
　https://www.courts.go.jp/app/hanrei_jp/detail2?id=82895
2．第1章で学んだ古物営業法についても，所管官庁である警察庁から「解釈基準」が示されている。下記の警察庁HPを閲覧して，具体的にどのような基準が設けられているか調べてみよう。
　「古物営業関係法令の解釈基準等について」
　https://www.npa.go.jp/pdc/notification/seian/seiki/seianki19950911.pdf

---

83　なお，近年では，最高裁は委任立法の限界をより厳格に審査し始めており，委任の範囲を超えるとして法規命令を無効にした事例も散見される（旧薬事法施行規則が無効とされた最判平成25年1月11日，地方自治法施行令が無効とされた最判平成21年11月18日，旧監獄法施行規則が無効とされた最判平成3年7月9日等）。もっとも，事案も法令も極めて複雑であるために本書では取り上げない。

8 │ 行政過程３
─行政手続・行政調査・行政指導

《学習のポイント》　行政処分の前段階として，行政手続や行政調査・行政指導といった過程がある。本章では，特に行政手続に重点を置いて，これらの役割・意義について学ぶ。

《キーワード》　行政手続，行政調査，行政指導

> **（沖縄）ごみ不法投棄疑い　県が産廃大手の許可取り消しへ**
>
> （沖縄タイムス　2017年11月12日）
>
> ---
>
> 　グループ会社の敷地内にごみを不法投棄した疑いがあるとして，沖縄県が沖縄市のＡ社に対し，廃棄物処理法に基づく産業廃棄物処分業等の許可を月内にも取り消す方針を固めたことが10日，分かった。組織的な隠蔽（いんぺい）に当たる悪質な違反があったと判断したとみられる。同社は県内大手の産廃業者。許可取り消しで営業は続けられなくなる見込みで，県内の産廃処理に影響が出そうだ。
>
> 　関係者によると，同社は高さ約30メートルまで違法に積み上げている「ごみ山」の廃棄物の一部を，約800メートル離れた市登川にあるグループ会社Ｂ社の敷地内のくぼ地に置き，覆土していたという。本来は地下水を守るため，厳重に管理する設備が必要な燃え殻などの管理型廃棄物も含まれていた。昨年8月，県に不法投棄を指摘され，今年6月，行政手続法に基づく聴聞会が開かれていた。

一方，同社のＴ社長は本紙取材に対し，ごみ山の廃棄物をＢ社に置いたことを認めた上で，「仮置きしただけで，置いた場所が不適切だったかもしれないが違法だとは思っていない」と話した。

Ｔ社長によると長年課題となっているごみ山を処理するため，2015年ごろから燃え殻や混合廃棄物を詰めたフレコンバック（トン袋）を，Ｂ社の敷地内に移してきた。一部のバックが経年劣化で破れ，中身が出た状態になっていたと説明。「覆土は隠すためでなく，重機でトン袋を積み上げるのに必要な作業の一環だった」としている。

同社は2000年設立。主に事業者が排出するごみを処理し，米軍関連のごみの約６割も受け入れている。だが処分場の許可容量を超え，処理し切れないごみを敷地内に埋めたため，県は2010年以降，改善命令などの行政処分をしてきた。

同社周辺では地下水から環境基準値を上回るヒ素が検出されるなど，住民を悩ませてもきた。同社は県や市，周辺自治会，農業者団体の７者と2023年１月末までにごみ山を撤去する合意書に調印している。

1.　はじめに

本章では，第６章で学んだ行政過程のうち，行政手続と行政調査，行政指導を取り上げる。記事で紹介したのは産業廃棄物処理に関する事例であり，直接には行政手続に関係するが，行政調査と行政指導も関わるのでまとめて学習しよう。

専門用語や複雑な法制度が出てくるので記事の内容はかなり難しいか

もしれない。いわゆる「ゴミの不法投棄」が問題になっていることは分かるが，「産業廃棄物処分業等」の「許可取り消し」とはどのような仕組みなのだろうか。また，行政手続法に基づく「聴聞会」についても言及されているが，これもどのような手続なのだろうか。

前提として，ゴミの収集や運搬，破砕，焼却，埋立て等（これらをまとめて「廃棄物処理」という）については，「廃棄物の処理及び清掃に関する法律」（以下「廃掃法」という）による規制が及んでいる。これも典型的な規制行政の一つであり，廃棄物処理を適正なものにすることで「生活環境の保全及び公衆衛生の向上」を図ることを目的としている（1条）。

確かに，廃棄物の焼却や埋立てを例にすると，有害な物質が大気中に飛散しないように高性能な焼却炉を用いる必要があるし，焼却灰を埋め立てる際には，含まれる有害物質が地下水を汚染しないように対策を講じる必要がある。とりわけ，工場等から排出される廃液や廃油，金属のように，有害性の極めて高いものについては，さらに厳重な対策が不可欠となる。

その他にも，生活環境や公衆衛生を十分に守るためには，無数の対策が必要になることは容易に理解できるだろう。そして，これらのルールを定めるのが廃掃法とその関連法令である。しかし，その内容は複雑かつ膨大であるので，次の2では記事に関係する部分だけを重点的に説明しよう。

その前に記事をさらに読み進めると，T社長は，自分の行為が違法だとは思わない，といった反論をしていることが分かる。「仮置き」しただけで，これから適正に処理をするつもりだった，という趣旨だろう。また，「覆土」（土を被せること）についても，不法投棄を隠蔽するつもりはなかったと主張している。

　これまでもA社は違法行為を繰り返してきたので，説得的な反論とはとても思えないが，より慎重に調べると，もしかしたらT社長の言い分にも正当な理由があるかもしれない。行政処分が人々に重大な不利益をもたらすことを踏まえると，その行使には慎重を期すべきであり，先入観を排して公正な観点から判断する必要があるだろう。

　第6章でも触れたように，行政手続においては関係者の反論等を十分に聞くことが求められるが，記事に出てくる「聴聞会」とはまさにそのための手続である。その他にも，基準の設定や理由の説明といった手続を踏むことで，行政庁の判断過程をできるだけ適正なものにすることが求められており，これを「適正手続の原則」と呼んでいる。

　この事例でも，適正手続の観点から，行政庁（沖縄県知事）は聴聞を実施した上で産業廃棄物処分業等の許可を取り消すことにしたのである。残念ながらT社長の反論は実を結ばなかったが，これもやむを得ないことかもしれない。

2.　廃掃法の仕組みと許可の取消し

　さて，廃掃法の下では，廃棄物は「一般廃棄物」と「産業廃棄物」の二つに区分されていて，工場や企業等から排出された廃棄物のうち，特に有害なものとして法令で指定されたものが「産業廃棄物」に当たる（2条4項）。記事で紹介されているように，不法投棄が問題となるのは産業廃棄物の場合が多いので，以下，産業廃棄物に関する基本的なルールを見ていこう。

　まず，産業廃棄物の収集運搬や処理を業として営む場合には，事前に行政庁（都道府県知事）に申請をしてその許可を得なければならない（14条1項・6項）。申請の内容が環境省令で定める基準等を満たしている場合に限って，知事は許可を与えることができる（なお，暴力団が事

図5　廃棄物処理のプロセス

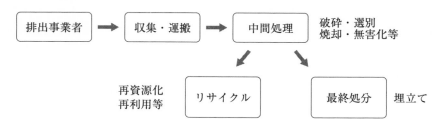

業に関与している場合には，許可を拒否しなければならない。これは廃棄物処理が暴力団の資金源となることを防ぐためである）。

　ここでいう「収集運搬」については特に説明は要らないと思われるが，「処理」とは具体的にどのような過程を意味するのだろうか。これは，破砕や焼却，脱水，溶融，選別といった「中間処理」と，海洋投棄や地中に埋めるといった「最終処分」の二つを意味する。要するに，廃棄物を無害化したり，再利用したり，厳重に保管したりすることで，環境への影響をなくすプロセスのことを意味する（図5）。

　また，最終処分場や焼却施設等の「産業廃棄物処理施設」を新しく建設する際には，予め「当該産業廃棄物処理施設を設置しようとする地を管轄する都道府県知事の許可」を得なければならない（15条）。そして，この場合にも，環境への影響を考慮して環境大臣の定める基準が満たされている場合に限って許可が付与される。

　以上のように，運搬・処理業も処理施設の建設も環境に重大な影響をもたらすことから，許可制をとることでその適正さを行政庁が事前に審査している。この許可制の意義については第1章・第2章で学んだので，十分理解できるだろう。

　もちろん，許可を取得した後にも，事業者は環境保護に関する様々な

基準を遵守しなければならない。その詳細には立ち入らないが，基本となるのは，有害な物質が環境中に流出しないように対策を講じることにある。そして，仮に処理施設において基準違反が発覚すると，都道府県知事は施設の改善を求める「改善命令」（15条の2の7）を発したり，「許可の取消し」（15条の3）を行ったりして，違法状態を是正できる[84]。また，運搬・処理業についても，事業の停止や許可の取消しを命じる権限が認められている（14条の3・14条の3の2）。許可が取り消されると，当然，廃棄物の処理や処理場の運営を続けることは許されなくなる。

さて，以上の説明を踏まえた上で，記事を読み返してみよう。A社は元々，廃棄物処理に係る各種の許可を受けて，収集運搬業と処理業に従事してきた。特に，焼却灰等を埋め立てる最終処分場も運営していたが，処分場が満杯になり廃棄物の埋立てができなくなった。最終処分場には，埋立てできる廃棄物の上限量（これを「許可容量」という）が設定されているからである。しかし，米軍から引き受けた廃棄物の処理を続けないといけないので，A社の敷地内に積み上げていたところ，改善命令といった行政処分を受けるに至った。

しかし，廃棄物を適正に処理してゴミ山を撤去するためには，新たに最終処分場を建設してそこに搬入するか，沖縄県外の最終処分場まで運搬する必要があるが，費用や手間暇を考慮すると，いずれも実現困難であったと言うしかない。

進退窮まったT社長は，B社の敷地に廃棄物を移すことで一時的に難を逃れようとしたのだろう。しかし，この隠蔽工作が発覚して，収集運搬業・処理業の許可と最終処分場の設置許可の全てが取り消されたのである。

84　なお，許可の取消しについては，不法投棄等の重大な違反がある場合には，都道府県知事は必ず許可を取り消さなければならない。許可の取消しは産業廃棄物の処理体制に重大な影響を及ぼすことから，知事が躊躇する場合も少なくなかったことから，より厳格な規定に改正されたのである。

　T社長の行為を非難するのは簡単かもしれない。しかし，この問題の背景は想像以上に複雑である。報道によれば，米軍基地から排出される廃棄物は分別が徹底されていないことが多く，その処理には通常以上の費用がかかる。また，米軍基地内は「治外法権」であるため，廃棄物が不法に放置されていても，沖縄県は規制権限を行使できず，付近住民に被害が及ぶこともあったようである。A社が処理能力を超えて米軍基地の廃棄物を引き受け続けたのも，T社長なりの使命感によるものだったかもしれない。

　また，なによりも，許可を取り消すと，A社は事業を続けることができなくなり，不法投棄した廃棄物の撤去費用を賄えなくなってしまうという問題もある。そのため，事業継続を認めた上で，事業から得た利益を撤去費用に充てた方が，「ごみ山」の解消に繋がるとも考えられる。また，米軍基地から排出される廃棄物をどう処理するのか，という問題も残されている。

　実際，当初，沖縄県は許可の取消しに慎重だったようである。しかし，環境省からの強い要請を受けて，許可の取消しに踏み切ったとも報道されている。再発防止のために不法投棄に厳しい姿勢をとったことは評価できるものの，問題の抜本的解決までの道のりはまだまだ遠いと言うしかない。

3.　行政手続―聴聞による意見聴取

　さて，かなり横道に逸れてしまったが，ここでの本題は許可の取消しに際しての行政手続の仕組みである。許可の取消しは重大な不利益をもたらすことから，適正手続の原則から，処分を決定する前に相手方の反論や関係者の意見を聞くことが求められる。この仕組みにも様々なものがあるが，ここでは，適正手続の原則を説明した上で，記事で取り上げ

られた「聴聞」について解説しよう。

　適正手続の原則の下では，相手方の反論を聞くだけでなく，事前に基準を設定したり，決定に際して詳細な理由を説明したりすることが行政庁には求められる。より詳しくは，以下の四つに分類される。

① 　告知・聴聞とは，行政処分の相手方に処分の内容とその根拠を知らせた上で（告知），反論と証拠提出の機会を与えることである（聴聞）。適切な告知がされないと相手方も適切な反論をできないので，告知の内容が十分なものであることも要請される。

② 　文書閲覧とは，行政庁が保有する証拠資料等を相手方に閲覧させることを意味する。行政庁の依拠する証拠等が明らかになるので，相手方としては，より的確に反論を組み立てることができるようになる。

③ 　理由付記とは，行政処分に関する詳細な理由を相手方に知らせることをいう。具体的には，どのような事実に基づきどのように法令を適用したのか，といった行政庁の判断過程を示すことが求められる。行政庁の判断過程の適切さを証するための仕組みでもある。

④ 　処分基準の設定・公表とは，法令の内容を具体化した基準を設定し，公表することである。第7章で見たように，通常はこの基準は行政規則（通達等）で定められる。詳細な基準が定められることで，行政庁の恣意を排除できるし，相手方にとっても予測可能性が高まるというメリットがある。

　さて，これらの行政手続が遵守されることで，判断の資料が豊富になり，相手方の的確な反論も期待できるので，誤った処分がされる可能性は低くなる。このことは，マクロな視点から見れば，早期の権利実現に寄与すると言えるだろう。

　また，結果として不利益な処分がされたとしても，その基準と理由が示されることで，相手方の不服・不満が緩和されることが期待できる。

別の言い方をすると，行政庁に対する信頼性が増加し，行政訴訟等に訴える事例が少なくなると考えられる。

　このように，行政手続の存在意義は早期の権利実現と受容可能性の増加の二つにあると言える。一見すると，行政手続は面倒で負担の大きいプロセスに思えるかもしれないが，法的な争いを未然に防ぐという意味で，重要な役割を果たしていることを覚えておこう。

　さて，上で挙げた四つの理念は，さらに法律によって具体化されている。建築基準法や廃掃法といった個別の法律で行政手続が設けられている場合もあるが，行政の全分野を横断的に規律する一般法として「行政手続法」が存在する。聴聞手続についても，その詳細は行政手続法で定められているので，以下その骨子を紹介しよう。

　行政手続法は，①申請に対する処分，②不利益処分，③行政指導，④届出，⑤行政立法（意見公募手続）の５類型について，行政庁が遵守すべき手続を定めている。特に重要となる①と②に関する規定を整理すると表３の通りとなる。

　注意を要するのは，不利益処分の重大さに応じて手続が異なることである。すなわち，不利益処分のうち，許可の取消しや資格・地位の剥奪など，相手方に重大な不利益をもたらすものについては「聴聞」を実施しなければならないのに対して，不利益の程度がより小さいものについては「弁明の機会の付与」を実施することで足りる（13条１項）。これは，全ての不利益処分で聴聞を実施すると行政庁の負担が過重になるためである。

　また，行政手続法の定める様々な手続については，行政庁にかかる負担等を考慮して努力義務にとどめられたものもある。具体的には，９条や12条の「……努めなければならない」という規定は，行政庁に対して努力すべきことを求めるものであり，実施しなかったとしても違法の評

表3　行政手続の概要（（　）内の数字は行政手続法の条文を指す）

	申請に対する処分	不利益処分（重大なもの）	不利益処分（軽微なもの）
理由付記	○書面による理由の提示 （8）	○書面による理由の提示 （14）	○書面による理由の提示 （14）
審査基準 処分基準	○審査基準の作成・公表 （5） △標準処理期間の作成（6）	△処分基準の作成・公表 （12）	△処分基準の作成・公表 （12）
公聴会 聴聞等	△利害関係人の意見聴取 →公聴会の開催（10）	○処分の相手方の意見聴取 →聴聞の開催（13）	○処分の相手方の意見聴取 →弁明の機会の付与（13）
文書閲覧	なし	○処分資料の閲覧権（18）	なし
審理手続		○対審による審理・意見陳 述の機会の保障（20） ○聴聞調書・報告書の作成 （24）	○弁明書の提出（29） △口頭による意見陳述（29）
その他	○迅速な審査・応答（7） △処理状況の情報提供（9） △複数の行政庁の協力（11）	○調書・報告書に基づく処 分（26） ○不服申立の制限（27）	

○　法的な義務が課せられている場合　　　△　努力義務にとどまる場合

価を受けるものではないと解されている。

　次に，聴聞手続の内容を見ていこう。記事でも触れられているように，許可の取消しはＡ社にとって深刻な不利益をもたらす上に，例外規定が適用される余地もないことから，聴聞を実施することが不可欠となる。その際の具体的な手順は図6の通りである。

　ポイントとなるのは，裁判に類似する形で「聴聞主宰者」が両当事者の意見を聞いた上で調書を作成し，行政庁に処分の案を示すことである。行政庁はその調書を十分斟酌して処分を選択しなければならない。同じ行政組織の中でも，役割分担を図ることで決定の公正さを高めることが意図されている。

①　まず，行政庁は，処分内容を検討した上で，聴聞の開催を相手方に告知しなければならない（15条）。上述したように，告知には処分の

図6　聴聞手続の概要

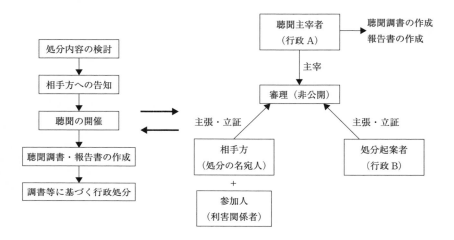

内容・理由，違反事実等の詳細を記載しなければならない。

② 　次に，聴聞に際しては，聴聞主宰者が審理を進めるが，審理の客観
性を担保するために，事案に実質的に関与した者（処分起案者）以外
の者を主宰者として任命することが望ましいと主張されている。

③ 　聴聞の審理に際しては，処分を提案する担当職員（処分起案者）と
相手方（処分の名宛人）が相対峙して（「対審」と呼ばれる），それぞ
れ主宰者に対して主張・立証を行う。対審構造がとられることで，両
者の主張・反論が速やかに実施されるといった利点がある。

④ 　聴聞主宰者は，期日ごとに聴聞調書を作成し，全期日の終了後，聴
聞の結果を記載した聴聞報告書を作成する。この報告書には，当事者
の主張に対する主宰者の評価（意見）が記載される（24条）。報告書
の提出を受けた行政庁は，主宰者の意見を十分に斟酌した上で処分の
内容を決定する（26条）。

　以上のように，聴聞手続の趣旨は，行政庁が一方的に決定をするのではなく，相手方や関係者の反論を聞きながら，質疑応答を繰り返して処分案を作成し，その上で行政庁の判断を仰ぐことにある。これにより，決定の客観性や公正さを高めることを期待できるが，なお不十分な点もある。

　すなわち，聴聞主宰者も結局は同じ行政組織の中から任命されることから，知事や大臣といった組織の長の意向の影響を受けやすい。今回の事案でも，沖縄県知事がA社の許可の取消しを強く求めていたとすれば，主宰者がその意向に反する報告書を執筆することはおよそ期待し難い。結局，「結論ありき」ということで，聴聞手続が形骸化するおそれがあるのである。

　そのため，主宰者の選任について，例えば外部の弁護士や有識者を非常勤職員として一時的に採用するという方法も提案されている。後に述べるように（→第11章），行政不服審査法では，行政処分に関与した者は審査請求の審理員（聴聞主宰者と同じ役割を担う）に就くことはできないとされているので（9条2項一号），同様の選任ルールを行政手続法に盛り込むことも考えられる。

　この沖縄県の事案についても，聴聞手続が公正に実施されたのか，記事からは読み取ることはできないが，もしかすると，主宰者が行政庁に有利となるように手続を進めた可能性も否定できない。ただ，A社の犯した違法行為の重大さは客観的な証拠からも明らかであると考えられるので，許可の取消しに至ったことは適法であったと評価できるだろう。

　もっとも，ここで問題となるのは，仮に聴聞手続に重大な違法性が認められる場合に，行政処分それ自体も違法として取り消されるのか，という点である。この論点を「手続的瑕疵と行政処分の効力」と呼ぶことがある。

　例えば，聴聞手続を実施しないまま許可の取消しを行った場合や，聴聞を実施したとしても，十分な告知を怠った場合について考えてみよう。行政手続法の定める例外事由に当たらない限り，この処分には手続的な違法性（手続的瑕疵）が認められる。しかし，手続以外の他の要件（比例原則等も含む）が満たされるのであれば，処分の内容それ自体は正しいことから，実体的な違法性（実体的瑕疵）は存在しないと言える。

　では，このように「手続的には違法であるが実体的には適法な行政処分」について，取消訴訟の場で裁判所はどのように判断すべきだろうか。考え方としては次の二つがあり得る。

① 　行政処分の実体的瑕疵にかかわらず，手続的瑕疵がある場合には直ちに処分を取り消す。

② 　行政処分に実体的瑕疵がなければ，手続的瑕疵があるとしても処分を取り消さない。

　前提として，裁判所が手続的瑕疵を理由として行政処分を取り消した場合，行政庁は，適法な手続をとった上で再度処分をやり直すことができる（→第12章）。そのため，①の考え方をとると，処分が取り消された後に再度手続が実施されて，結果として同じ不利益処分が下される可能性がある。そうすると，処分をやり直す手間が増えるだけで，原告（被処分者）の救済につながらないと言える。

　他方で，②の考え方では，行政処分が内容的に正しいのであれば，効率性を重視して，処分を取り消さないことになる。そのため，手続違反を是正する機会がなくなり，行政庁の手続軽視を助長することになりかねない。

　このように，どちらの考え方にも一長一短があるために，裁判例でも手続的瑕疵の取扱いについては方針が一貫しないようである。詳細につ

いて立ち入る余裕はないが，基本的には，重大な手続的瑕疵があり，処分をやり直した場合に異なる処分がされる可能性がある場合には，処分を取り消すというのが裁判例の傾向であると言える（ただし，比較的軽微な手続的瑕疵を理由として処分が取り消される場合もある）。

4．行政調査

行政処分の前段階としてもう一つ重要な過程が「行政調査」である。不法投棄事案についても，「いつ」「誰が」「どこに」「どの程度の」不法投棄をしたのか，事実を適切に調査した上で処分の内容を決めなければならない。十分な調査を怠ったまま処分を決めたとすると，行政処分の適正さが疑われるし，事実認定の重大な誤りが判明すると，事実誤認に当たるとして処分が違法と評価されるからである。

そこで行政庁は，法律上認められた権限を駆使して情報を集めなければならないが，行政調査も「住居の不可侵」や「プライバシー」といった基本的人権を侵害するので，その行使には様々な制約が課せられている。そのため，基本的人権を守りつつ行政調査の実効性を上げる，という困難な課題に直面することになる。

まず，行政調査の具体的な手法を見ていくと，質問，立ち入り，検査，収去等が挙げられるが，その他にも，申請や届出という形で人々から行政庁に情報が提供される場合もある。

例えば，申請に対する処分については，申請者に必要な書類を添付させることで情報の収集が図られる。必要な情報が提出されない場合には，行政庁は申請者に補正を求め，それでも改善されない場合には，申請を拒否しなければならない（行政手続法7条）。また，虚偽の申請を防ぐために罰則が用意されることもある。

また，不利益処分のための調査として，本人や関係者に対する質問

や，報告や資料の提出命令，事業所等への立入検査・臨検等がある。廃掃法についても，報告の徴収（18条）や立入検査（19条）の権限が行政庁に認められているので，例えば事業所の敷地内に職員が入って，廃棄物の処理や保管の状況を調べることができる。今回の事案でも，沖縄県の職員がA社やB社の敷地内に立ち入って，埋められた廃棄物を掘り返したり，その成分を分析したりすることで，不法投棄の状況を克明に調べたと推測される。

　その際，調査対象者が調査を拒んだ場合にはどうなるのだろうか。通常，調査拒否については法律で行政刑罰が定められていて，罰金や懲役刑の力で調査の実効性が確保されている（30条七号・八号等）。ただし，調査対象者が行政刑罰を受けてもなお調査を拒み続けると，行政調査が失敗に終わってしまう。

　そこで，特に真実発見の必要性が高い場合には，例外的に物理的な実力の行使が認められている。具体例としては，国税通則法132条の定める臨検・捜索・差押がこれに当たる。この場合，扉を破壊したり，金庫をこじ開けたり，抵抗する者を排除したりするといった強制的な手段も行使できるが（137条），人権侵害の危険性が高まることから，予め裁判官の許可を受けることが要件とされている。

　次に，行政調査に関する法的原則を整理しておこう。上述したように，行政調査はそれ自体で人権侵害をもたらし得ることから，法律の根拠が必要になると解されている。また，法律による行政の原理や行政法の一般法原則も行政調査を限界づけるので，調査に際しては法律の定めに従う必要があるし，例えば，客観的な必要性もないのに調査を実施したり，違反の程度に比べて過度に厳しい調査を実施したりすると，比例原則違反となり得る。また，適正手続の理念に基づき，事前の告知や身分証の提示といった手続保障を図る必要もあるだろう。

　もっとも，行政調査の種類は極めて多様であるので，保護されるべき公益や調査のもたらす権利侵害の程度，調査の必要性・緊急性等に応じて，その限界も変わってくる。基本的には，家屋への立入調査や身体に対する捜索のように，権利侵害の強いものについてはより厳しい制約に服するが，緊急の必要性が高いものについては制約が緩和されると考えられる。

5.　行政指導

　一般に，行政機関は人々に様々な依頼をしているが，その履行を強制できない場合には，法的効果を持たない事実上の「お願い」に過ぎないことになる（法的効果を伴わないという意味で「事実行為」と呼ぶことがある）。行政法学では，このような行政機関の意思表示のことを「行政指導」と呼んでいる。

　行政指導と行政処分との違いは明確であり，行政庁の要請に従わなかった時に代執行や行政刑罰といった義務履行確保手段が用意されているか否か，が基準となる。もっとも，行政指導に法的な強制力が認められないとしても，事実上の強制力が生じる場合もあることから，行政指導をめぐる法的問題が起きることも少なくない。そのため，判例法や行政手続法などで，行政指導に関する法的ルールが整備されている。

　行政指導は様々な局面で活用されているが，問題が起きやすいのは，行政処分を行う前に警告や交渉の手段として用いられる場合である。具体的には，営業停止命令といった不利益処分をする前に「勧告」を発することであり，多くの法律でこのような仕組みが明示的に導入されている（→第6章）。

　勧告それ自体には法的強制力はないので，一般的には行政指導に当たると解されているが，勧告を無視すると次の段階として行政処分がされ

る可能性があるので，事実上の影響力は極めて大きい。相手方の予測可能性を高めるという観点からは，行政指導で警告を発することは望ましいものの，行政指導が安易に濫用されると，それだけ人々に重大な不利益が及びかねない。

　例えば，法令上，行政処分を命じる要件が揃っていないのに，行政庁が「勧告に従わないと次は行政処分をする」といった強い警告を発したとしよう。この場合，相手方としては，法令の知識に相当に詳しくない限りは，行政処分を恐れて勧告に従うことを選択するだろう。いわば行政庁が相手方を騙したことになるが，このような行政指導が不適切であることは言うまでもない。

　そこで行政手続法は，このように警告的に行政指導を用いる際には，予め行政処分の根拠条文や要件を示した上で，行政処分を発動できる理由を説明しなければならないとしている（35条2項）。根拠条文等を示すことができない場合には，当然，行政指導を差し控えなければならない。

　また，行政指導が執拗に繰り返されたりすることで人々に過度の心理的圧迫を与える場合にも，違法性を帯びると解されている。同じく行政手続法は，行政指導の任意性が失われた時点で，すなわち，行政指導を受けた者がそれに従わない旨を表明した後には，行政指導を打ち切り，法令に基づく権限行使に移らなければならないとしている（33条）。

　このように，行政指導については行政手続法で様々な制約が課せられている。代表的なものを挙げれば，不利益取扱いの禁止（32条2項）の他，責任者の明示（35条1項）や書面の交付（35条3項），行政指導指針の策定・公表（36条）などがある。

　おそらくA社の不法投棄についても，沖縄県は繰り返し行政指導を行って，ゴミ山の撤去と適正な廃棄物処理を要請したが，改善が見られな

いので，許可の取消しを行使するという警告を発したと推測される。行政手続法の観点からは適正な行政指導であったと考えられるが，結果的には効果がなかったので，より早期に行政処分の段階に移るべきだったのかもしれない。

6. 終わりに

　本章では，行政手続と行政調査，行政指導について学んだ。紙幅の都合で，聴聞手続のみを重点的に紹介して，その他の論点については簡単に触れただけであったが，正しい行政決定は正しい行政手続から生まれる，ということで，行政手続の重要性を理解しておこう。

学習課題

1. 行政指導に関しては，行政手続法36条の2は「行政指導の中止等の求め」という救済手段を設けている。その概要について調べた上で，なぜこのような手段が設けられたのか，その理由を考えてみよう。
2. 行政調査と基本的人権の関係が問題となった著名な裁判例として，いわゆる「川崎民商事件」（最判昭和47年11月22日）がある。下記の裁判所HPに掲載されている判決文を読んで，その内容をまとめよう。
https://www.courts.go.jp/app/hanrei_jp/detail2?id=50962

9 | 行政過程4―行政処分

《**学習のポイント**》 人々の権利・自由を制限したり，逆に権利を付与したり
するような行政決定のことを「行政処分」と呼ぶ。本章では，この行政処分
の仕組みや関連する原則を学ぶ。
《**キーワード**》 行政処分

> ### 石木ダム：事業認定取り消し訴訟　請求棄却　長崎地裁判決
> （毎日新聞　2018年7月10日　西部朝刊30頁　社会面）
>
> ---
>
> 　長崎県と同県佐世保市が計画する石木ダム事業（同県川棚町）
> で，水没予定地に住む地権者ら109人が，国の事業認定の取り消し
> を求めた訴訟で，長崎地裁（武田瑞佳裁判長）は9日，請求を棄却
> し，一部を却下する判決を言い渡した。原告側は控訴する方針。
> 　石木ダムは，佐世保市への水道水供給や，川棚川流域の洪水防止
> を目的に1975年，建設事業に着手した。県などは未買収の事業用地
> を取得するため2009年11月，土地収用法に基づき国土交通省九州地
> 方整備局に事業認定を申請。13年9月に認められ，強制収用が可能
> になった。地権者らは15年11月に提訴していた。
> 　原告側は弁論で，「水の需要予測が過大」などとして「利水，治
> 水面共に事業計画の根拠がなく，ダムは必要ない」と主張してい
> た。武田裁判長は判決で，「利水，治水共に事業計画は国の手引き

や指針に基づいており，不合理ではない」と認定。「地権者らが移
転することで失う利益よりも，地元住民の生命の安全などダム建設
により得られる利益の方が大きい」と必要性を認め，土地収用の公
益性も認めた。

1.　はじめに

　本章では，ダム建設と土地収用に関する記事を参考にして，「行政処
分」の仕組みについて学ぶ。土地収用に関する法制度は第4章で学んだ
ので，以下では，その知識を踏まえた上で，事業認定や収用裁決といっ
た行政処分に焦点を当てることにする。

　道路建設と同様に，ダム建設に際しても土地収用が大きな問題となる
ことはすぐに理解できるだろう。水没する区域の全ての土地・建物の所
有者（以下「地権者」という）から土地を調達する必要があるが，少数
でも土地・建物の売却を拒む者がいると，建設が頓挫してしまうからで
ある。

　そのため，多くの場合では地権者の同意を得て売買契約を結ぶという
方法（任意買収）がとられるものの，任意買収に至らなかった場合に
は，事業認定や収用裁決といったプロセスを経て，最終的には行政代執
行によって土地・建物が撤去される。

　もちろん，地権者としては，事業認定等に不服がある場合には，取消
訴訟を提起することで裁判所に救済を求めることができる。先に触れた
ように（→第6章），裁判所はその適法性を審査して，仮に違法性が認
められる場合には事業認定の取消しを命じる。

　もっとも，記事を見ると，事業認定に対する取消訴訟が提起されたも

のの，長崎地裁は事業認定の適法性を認めて，請求を棄却したことが分かる。その根拠を判決文（長崎地判平成30年7月9日）に当たると，水需要の予測や洪水の危険性等に関する行政機関の評価は妥当であるとした上で，水源の確保や洪水対策の観点から，失われる利益（土地収用による損害）を考慮してもなおダム建設の必要性を認めることができるとしている[85]。

原告の地権者たちにとっては酷な結果であるが，この長崎地裁の判断については，評価の分かれるところだろう。ダム建設によって住民の暮らしが根底から覆されるだけでなく，広大な自然が失われてしまうが，それにより渇水や洪水の被害を軽減できるのであれば，必ずしもダム建設を悪と断定することはできない。人々が安全で豊かな生活を続けられることも，誰かの犠牲の上に成り立っているからである。

他方で，人口減少社会を迎えた今，水需要の減少によりダムの必要性が低下しているし，洪水対策についても，ダムに頼らない方法を模索すべきであるという考え方もある。ダムによる利水・治水はもはや時代遅れであり，行政もダム建設に拘泥すべきではないと主張されるのである。

考え出すときりがないが，本章の主題は，このような権利制限と救済の仕組みが「行政処分」という行為形式を中心として組み立てられていることであるので，ダム建設の是非についてはこれ以上立ち入らないでおこう。

さて，行政処分の定義を改めて確認しておくと，判例では，「公権力の主体たる国または公共団体の行為のうち，その行為によって，直接国民の権利義務を形成し，またはその範囲を確定することが法律上認められているもの」（最判昭和30年2月24日）とされている。少し難しい定

---

[85]　本訴訟では，事業認定の要件のうち「事業計画が土地の適正且つ合理的な利用に寄与するものであること」（土地収用法20条三号）が主として争点となったが，裁判所は，事業によって得られる公共の利益が失われる私的利益を上回る場合には，この要件が満たされるとした。

義であるが，要点は①「公権力性」と②「権利義務に対する直接的影響」の二つであると考えられる。別の言い方をすれば，行政庁が一方的な決定により人々の権利義務を具体的かつ個別的に変動させる場合に，この決定のことを行政処分と呼ぶのである。

　そもそも法学とは，個人や法人の権利義務にいかなる変化が生じたのか，という点を分析対象とすることから（これを「法学的思考」という），行政法学においても，権利義務の変動をもたらす行政処分に重点が置かれるのは当然のことといえる。第6章で見た行政過程についても，行政処分を中心に関連する諸制度が組み立てられているし，行政処分に関して様々な法的ルールが構築されている。以下では，その概要を見ていこう。

2. 行政処分と契約の違い

　先に挙げた「任意買収」のように，行政処分ではなく「契約」によって権利義務が変動する場合もある。水道の供給を例にすると（→第3章），水道事業者たる地方自治体と利用者たる住民が「水道供給契約」を結ぶことで，水道供給に関する権利義務が成立する（水道法15条）。これにより，地方自治体は住民に水道を供給し，住民は水道料金を払うという関係が生まれるのである。

　行政処分が行政庁からの一方的命令として発せられるのに対して，契約はあくまで両当事者の合意によって成立するが，契約の締結やその内容に関して，行政庁に完全な契約自由の原則が認められるわけではない。水道法15条のように契約の締結義務が明示的に定められていることもあるし，そうでなくても，平等原則等の行政法の一般法原則が遵守されなければならないからである。

　また，先に触れたように（→第3章），ある行政庁の意思決定が行政

処分に当たるのか，契約に当たるのか，それとも，それ以外の類型に当たるのか，といった区別は訴訟形式の選択に関わってくる[86]。詳細については，後に学ぶことにしよう（→第11章）。

3. 公定力（取消訴訟の排他的管轄）について

次に，行政処分の「公定力」と呼ばれる効果について説明しよう。これは，違法な行政処分であっても，取消訴訟において裁判所が処分の取消しを命じるか，行政庁によって処分が自主的に取り消されるまでは，誰もが（処分の相手方だけでなく，裁判所や他の行政機関も含む）その効果を否定できないことを意味する。近年では，公定力ではなく，「取消訴訟の排他的管轄」と呼ぶことがある。

いきなり難しい話になったが，公定力とは行政法においても最も重要な原則の一つであると考えられてきた。しかし，その意義がどこにあるのか，すなわち公定力を認めることのメリットは何か，すぐには掴めないかもしれない。

そこで，今回の事例で考えてみると，仮に地権者がダムの事業主体（長崎県）を被告として，土地所有権の確認を求める民事訴訟を提起したとしよう。審理の結果，裁判所が事業認定の違法性を認めて，土地・建物の所有権は原告（地権者）に残っているとの確認判決を下す場合もあり得るが，果たしてこのような民事訴訟による救済が法律上許容されるのだろうか。

結論から先に述べると，例外はあるものの，裁判所が原告の請求を認容することは許されないと解されている。すなわち，行政処分である事業認定には公定力が認められることから，民事訴訟等では，裁判所は事

---

[86] 土地収用に関する事業認定は疑いなく行政処分であると言えるが，特に社会保障等の分野では，金銭の支給を認める決定が行政処分に当たるのか，それとも契約に当たるのかが争点となることもある。他にも，行政処分に当たるか否かの判定が困難である事例も少なくないが，この「処分性」の論点については第12章で学ぶ。

業認定が有効であることを前提に判決を下さなければならない。言い換えると，事業認定が違法であり，その効力が生じないと原告が主張しても，裁判所はその主張を検討せずに判決を下さなければならないのである[87]。

　結局，地権者が事業認定の効力を争うためには，原則として取消訴訟を提起しなければならない。そこで記事にあるように，おそらく弁護士のアドバイスも受けて，地権者たちは事業認定の取消訴訟を提起したのである。

　ここまでの説明を読んで，公定力とは単に訴訟形式の選択の問題に過ぎず，それほど重要な意義はないのではないか，という感想を抱いた読者もいるかもしれない。しかし，後に説明にするように（→第11章），取消訴訟では行政側に有利な手続的ルールが採用されており，人々の権利救済の可能性が制限されていることに注意しなければならない。そのため，取消訴訟の提起が強制されることは原告にとって重い負担になり得るのである。

　具体的には，例えば訴訟を提起できる「期間」を挙げることができる。所有権の確認訴訟であれば，取得時効の成立による限界はあるものの，基本的には期間の制限なく訴訟を提起できる。他方で，取消訴訟であれば，原則として「処分又は裁決があつたことを知つた日から六箇月」か「処分又は裁決の日から一年」の間に提起しなければならない。これを「出訴期間」と呼び，この期間を過ぎると訴えは不適法なものとして却下される（行訴法14条）。このような訴えの適法性を左右する要件のことを「訴訟要件」と呼び，他にも原告適格や処分性といった要件がある（→第12章）。

---

[87]　逆に言えば，民事訴訟において行政処分の効力に関わらない事由を主張することは許される。例えば，土地の売却（任意買収）に同意したが，その意思に錯誤があったと主張して所有権の確認を求めることは，事業認定の効力とは無関係であるので，裁判所はその主張を検討しなければならない。また，4で説明するように，行政処分に「無効の瑕疵」がある場合には，例外として，民事訴訟等においても処分の無効を主張できる。

　民法における債権の消滅時効が原則として5年であることを踏まえると（166条），6か月という出訴期間が極めて短いことが実感できるだろう。処分の相手方や関係者にとっては，行政処分の存在を知って直ちに行動しないと，救済の途が閉ざされてしまうのである。

　また，「仮処分の排除」も問題となる。民事訴訟であれば，民事保全法に基づく仮処分を申し立てることで，判決が出るまでの仮の救済（暫定的な救済）を求めることができる[88]。他方で，行政処分については仮処分を求めることはできず（行訴法44条），代わりに執行停止などの仮の救済制度が導入されている（→第12章）。しかし，執行停止の要件が比較的厳格であることから，原告の利益の迅速な救済という観点からは，民事訴訟の方が優れていると言える。

　以上のように，公定力の意義を正しく理解するためには，取消訴訟の仕組みも押さえておく必要がある。しかし，次の疑問として，なぜこのような行政側に有利な制度が導入されたのか，という点が浮かんでくる。

　ここでも結論から述べると，行政処分が秩序の維持や安全性の確保といった「公益」に関わることがその理由であると考えられる。民事訴訟であれば，当事者が対等な立場で私的な権利を主張し合うので，いずれが勝訴したとしても，公益に影響を及ぼすおそれは小さい。しかし，土地収用の事業認定がダム建設による治水・利水に関わるように，行政処分の場合には，訴訟の帰趨が公益に重大な影響を及ぼすことになる。そこで，公益を十分に守るために，特別な訴訟形式が創設されると共に，公定力の理論が考案されたのである[89]。

---

[88] 仮の救済とは，訴訟を提起してから判決が出るまでの間の暫定的な救済を意味する。通常，訴訟提起から判決までは数か月から数年かかるために，その間に損害が拡大することもあり得る。そこで，仮の救済を申し立てる制度が導入されている。

4.　無効の瑕疵

　公定力の限界に関わる論点として，行政法では，行政処分の違法性に二つの段階があると考えられている。すなわち，「取り消しうべき瑕疵」と「無効の瑕疵」の二つが存在し，無効の瑕疵を帯びた行政処分については，公定力が妥当しないので，取消訴訟以外の訴訟でもその効力を否定できるのである[90]。

　無効の瑕疵の意義も結局は公定力と関係している。取消訴訟の出訴期間が短いために，些細な不注意から権利救済の途が閉ざされることがあるが，特に重大な不利益が残る場合には，例外的な救済を認める必要がある。そこで，行政処分の違法性が重大なものである場合には，取消訴訟の出訴期間が過ぎた後でも，なお他の訴訟でその効力を否定することが認められている。また，無効な行政処分の効力を否定するための訴訟形式として，特に「無効等確認訴訟」が設けられている（行訴法3条4項・36条）。

　次に，無効の瑕疵の具体的内容を見ていこう。無効の瑕疵が認められるためには，単に通常の違法性が存在するだけでは足りず，特別な事情

89　もっとも，公定力は基本的に人々に不利益な効果をもたらすために，できる限りその適用を制限する必要もある。そのため，学説や判例では公定力の限界が認められている。例えば，①違法な行政処分によって損害を受けた者が国家賠償を請求する際には，裁判所は処分の違法性を審査して，違法性が認められれば請求を認容できる。また，②行政処分への不服従を理由として行政刑罰を科す際，刑事訴訟において裁判所は処分の違法性を審理することができる。仮に処分が違法である場合には，裁判所は被告人を無罪にすることになる。①・②いずれの場合においても，事前に取消訴訟を提起して処分の効果を否定する必要はないと解されているのである。また，③行政処分に無効の瑕疵が認められる場合にも公定力は妥当しない。この点については4で説明しよう。

90　「無効の瑕疵」とは難解な感じがするが，要するに重大な違法性のことを意味する。民法でも「（通常の）過失」と「重過失」があるように，行政処分の違法性に関しても，通常の違法性を「取り消しうべき瑕疵（取り消すことができなければならない瑕疵）」と呼ぶのに対して，より重大なものを「無効の瑕疵」と呼ぶのである。

がなければならない。この点，伝統的には「重大・明白説」が主張されていた。すなわち，行政処分の違法性が重大であるだけでなく，誰の目からも明らかであること（明白性）が要件とされていたのである。

しかし，近年では，様々な事情を総合的に考慮するという考え方が支配的である。すなわち，公益や法的安定性よりも救済の必要性が上回る場合には，明白性にこだわることなく，柔軟に無効の瑕疵を認めるべきであるという「具体的価値衡量説」がとられているのである[91]。

今回の事案でも，取消訴訟の出訴期間が過ぎた後でも，事業認定に無効の瑕疵があると主張して，地権者は例えば無効等確認訴訟を提起できる。しかし，ダム建設の公益性の高さや利害関係者の多さを踏まえると，地権者の受ける不利益の重大さを考慮しても，裁判所が無効の瑕疵を認める可能性は低いと言える。とはいえ，公定力理論の例外として，無効等確認訴訟は人々にとって最後の救済手段として機能していることを覚えておこう。

5. 行政処分の取消し・撤回

行政処分がされた後に違法性があることが判明した場合，行政庁が自主的に処分を消滅させることがある。この結果，行政処分がなかった状態に戻り，人々の権利義務は元の状態に戻る（原状回復）。これを行政処分の「取消し」「撤回」と呼ぶ。

もっとも，行政法学では取消しと撤回は明確に区別されている。すなわち，「取消し」とは当初から違法であった処分を消滅させることを，「撤回」とは事後的に違法になった処分を消滅させることを，それぞれ

---

[91] 具体的価値衡量説の下では，①権利侵害の重大性，②取消訴訟を利用しなかった（できなかった）事情，③法的安定性を維持する必要性，④処分により得られる公益，の四つの要素が総合的に考慮される。例えば，①違法な課税処分により納税者に深刻な損害が生じ，かつ②取消訴訟を提起できなかったことについて納税者に落ち度がなく，かつ③・④課税処分の無効を認めても関係当事者に影響が及ばない場合には，無効の瑕疵が認められる。判例でも，同様な理由から課税処分の無効を認めたものがある（最判昭和48年4月26日）。

意味するのである。

　先に見たように（→第２章），飲食店の営業許可を受けた者が後に食中毒事件を引き起こした場合，行政庁が公益を守るために営業許可を消滅させることがある。法律上は許可の「取り消し」と書かれていることが多いが（食品衛生法60条等），行政法学の分類では，これは「撤回」に当たる。

　他方で，申請者が虚偽の申請をして生活保護を受けた後に，そのことが判明した場合には，行政庁は当然に生活保護を廃止することができる（→第３章）。この場合には，生活保護の支給決定は当初から違法であったことから，「取消し」に当たる。

　いずれの場合にしろ，法律による行政の原理からは，違法な行政処分を消滅させることは当然であると言えるが，取消し・撤回にも行政法の一般法原則が妥当するので，例えば，許可の取消しが過度に厳しい措置となる場合には，比例原則に違反するので許されない。

　また，許認可や金銭の支給決定，公務員の任用のように人々に利益をもたらす行政処分（受益的行政処分）については，信頼保護や法的安定性の観点から，処分の取消し・撤回を制限することも提唱されている[92]。

　事業認定に関して言えば，地権者に不利益を与える処分であることから，違法性が認められる場合には行政庁は当然に取消し・撤回をしなければならない。具体的には，ダム建設の必要性が処分当時には認められたものの，その後の事情変動により必要性が乏しくなった場合には，「撤回」を選択することになる。また，必要な手続をとらないまま事業認定をしたのであれば，「取消し」をした上で，再度適正な手続をとった上で処分をやり直すことになる。このように，処分の違法性がいつ生

---

[92]　かなり古い判例だが，農地買収に関連して，既に農地の売り渡しを受けた者の利益を守るために買取処分の取消しを制限する判例がある（最判昭和43年11月7日）。もっとも，判例が少ないこともあって，具体的にどのような場合に取消し・撤回が制限されるかについては，明確な基準は未だ形成されていない。

じたかによって，撤回と取消しの違いが生じるのである。

　もっとも，取消しであれ，撤回であれ，行政処分の効力が消滅するという効果は同じであるので，実務上は両者を区別する実益は乏しい。ただし，取消しの場合には，行政処分は元から効力がなかったものとして扱われるので（「遡及効」と呼ぶ），補助金や給付金の支給については，不当利得として全額が返還されなければならない。他方で，撤回の場合には，将来に向かって効力がなくなるだけであるので，撤回以前に受給した金銭を返還する必要はない。

6．多段階的行政処分と違法性の承継

　最後に「違法性の承継」を取り上げよう。これも行政処分をめぐる重要論点の一つであるが，かなり難解であるために初学者にとっては躓きの石となりやすい。

　違法性の承継とは，「先行処分の違法性が後行処分の違法性に受け継がれること」，より詳しく言えば，「複数の行政処分が連続する場合に，後行処分には何らの違法性がなくとも，先行処分に違法性が認められる場合には，後行処分も違法なものとみなされること」を意味する。

　単純な定義であるが，先行処分・後行処分と言われてもすぐには理解できないかもしれない。そこで，段階的に実施される行政処分の仕組みから説明しよう。

　第4章でも説明したように，その典型例は土地収用である。すなわち，土地収用が完了するまでには，①先行処分として事業認定がされた後に，②後行処分として収用裁決がされる。また，③行政代執行の過程では戒告という行政処分が行われる，というように，複数の行政処分が介在するのである。

　ここでポイントとなるのは，それぞれの行政処分ごとに異なる要件が

定められていることである。事業認定であれば，「土地の適正かつ合理的な利用に寄与すること」といった要件が定められているし（土地収用法20条三号），収用裁決であれば，「事業に必要な限度において裁決しなければならない」といった要件が置かれている（48条2項）。もちろん，比例原則等の行政法の一般法原則は全ての行政処分に妥当するものの，法令等の定める要件は行政処分ごとに異なっているのが通常である。

　以上の点を踏まえて，違法性の承継について考えてみよう。この場合に地権者は，①事業認定（先行処分）の取消訴訟も提起できるし，②収用裁決（後行処分）の取消訴訟も提起できる（場合によっては両方とも提起できる）。そして，①事業認定の取消訴訟では事業認定の違法性を主張することは当然に許される。では，②収用裁決の取消訴訟で事業認定の違法性を主張することは許されるのだろうか。

　もし事業認定と収用裁決の間の違法性の承継を認めるのであれば，事業認定の違法性を主張することも許されることになる。裁判所としては，20条に定める要件等を審査して，事業認定に違法性が認められるのであれば，収用裁決それ自体は適法であるとしても，収用裁決を取り消すことができる。結果として，原告の所有権は回復される。逆に違法性の承継を認めないのであれば，事業認定の違法性を主張することはできないので，裁判所としては，収用裁決の違法性のみを審査することになる。

　以上のように，違法性の承継が認められる場合には，後行処分の段階で先行処分の違法性を主張できることになるので，原告にとっては権利救済の途が広がることになる。先に見たように，先行処分の取消訴訟の出訴期間が過ぎた後には，公定力の効果により，先行処分が違法であっても救済の途が閉ざされてしまう。しかし，違法性の承継が認められる

場合には，先行処分の取消訴訟の出訴期間が過ぎた後でも，後行処分の取消訴訟を提起することで救済を得られるのである。

　しかし，行政庁の側から見れば，違法性の承継を認めると，紛争が蒸し返されて法的安定性が損なわれる事態になる。そのため，判例においては，違法性の承継が認められるのは，法的安定性が損なわれてもなお権利救済の必要性が高い類型に限られている。

　具体的には，土地収用法に基づく事業認定と収用裁決については違法性の承継が認められているので，今回の事案では，仮に事業認定の取消訴訟を提起し忘れたとしても，収用裁決がされた段階でその取消訴訟を提起すれば，事業認定の違法性を主張することができる。土地収用のもたらす権利侵害が極めて大きいことがその根拠であると考えられる。

　他方で，課税処分（賦課処分）と滞納処分（差押処分）のように，大量の行政処分を迅速に処理する必要がある場合には，法的安定性を優先させて違法性の承継は認められていない。

　違法性の承継は難解な論点であるが，多段階的な行政処分の仕組みを理解できれば，その意義を掴むことができるだろう。常識的に考えれば，先行処分が違法であれば後行処分も当然に違法になると思われるが，行政法では，法的安定性を確保して公益を守るために特別のルールが設けられているのである。

7. 終わりに

　本章では，行政処分に関する様々な原則を学んだが，公定力や無効の瑕疵，違法性の承継といった理論は伝統的な行政法学から受け継がれたものであるために，今日では，その意義が失われつつあるとも言える。近い将来，これらの理論の妥当性が再検討されて，行政法の教科書から消えてしまう日も来るかもしれない。

学習課題

1. 行政処分の無効の瑕疵が争われた上記最判昭和48年4月26日につい
て，下記の裁判所HPに掲載されている判決文を読んで，その内容を
まとめよう。
https://www.courts.go.jp/app/hanrei_jp/detail2?id=51906

2. 取消訴訟の出訴期間が過ぎたために救済を得ることができない場
合，どのような例外的な救済があり得るだろうか。以下のキーワード
を用いて整理しよう。
　＊「無効の瑕疵」「違法性の承継」「国家賠償」「正当な理由（行訴法14
　　条）」

10 | 行政過程５─行政裁量

《学習のポイント》　行政機関に認められる自由な判断余地のことを「行政裁量」または「裁量権」と呼ぶが，本章では，その意義と限界を司法統制（裁量統制）と関連付けて学ぶ。
《キーワード》　裁量統制，裁量権，判断過程審査

17歳少女に在留許可，東京地裁　「退去強制は将来閉ざす」

（日本経済新聞電子版　2020年2月19日）

　6歳でアフリカから来日し，関東地方の高校に通う女子生徒A（17）が，在留特別許可を出さなかった国の処分取り消しを求めた訴訟の判決で，東京地裁は18日，「日本を離れて生活することによる支障を過小評価しており，違法だ」として処分を取り消した。母親と，来日後に生まれた弟の請求は退けた。

　森英明裁判長は，女子生徒は母国語を書けず，帰国しても生活は相当困難だと指摘。日本の社会に深くなじみ，スポーツで高い評価を受け，成績も優秀だとして「在留を許可しないことは，大学進学や将来の可能性を実質的に閉ざすことになりかねない」とした。

　国は，福祉の観点から家族とともに母国へ帰るのが相当だと主張したが，判決は「親元を離れるのが不可能ではない年齢に近づいており，母の養育がなくても生活できる」として退けた。

判決によると，女子生徒は母親とともに2009年に来日。難民認定や在留特別許可を申請したが，いずれも認められなかった。

出入国在留管理庁は「判決内容を精査し，適切に対応したい」としている。

1. はじめに

本章では，在留特別許可を例にして行政庁の「裁量権」ないし「行政裁量」について学ぶ。裁量権とは行政法における最も重要な概念であると同時に最も難解な概念でもある。ポイントとなるのは，司法審査，すなわち裁判所による審査の局面で，行政庁の判断がどれだけ尊重されなければならないか，という点である。以下では，記事を踏まえて在留特別許可の仕組みを学ぶことから始めよう。

記事から分かるように，裁判の争点は，アフリカ（コンゴ民主共和国）出身の17歳の少女Aに在留特別許可を認めるか否かである。若干補足すると，国（法務大臣）がAに在留特別許可を認めなかった（不許可処分）のに対して，Aが取消訴訟を提起した結果，裁判所はこの不許可処分が違法であるとして取り消した（請求認容）。その結果，Aに在留特別許可が認められることになったのである[93]。

2. 入管法と在留特別許可

では，在留特別許可とはどのような行政処分なのだろうか。前提として，外国人（日本国籍を持たない人）には，憲法上，日本に滞在する自由は認められておらず，法務大臣が特別の許可（これを「在留許可」と

93　記事をよく読むと，裁判所はあくまで不許可処分を取り消しただけであり，在留特別許可を認めたわけではない。しかし，不許可処分が違法であると判示されたことから，法務大臣としては原則として許可をすべき義務を負うと解される。後に説明するように（→第11章），これは判決の「拘束力」に関する問題である。

呼ぶ）を与えた場合にのみ滞在が許される。これを「出入国管理制度」と呼び，「出入国管理及び難民認定法」（「入管法」と略される）がその詳細なルールを定めている。

　入管法の基本的な仕組みとしては，外国人の申請に応じて法務大臣が審査を行い，一定の条件を満たす場合には「在留資格」が付与される。在留資格には外国人の地位や職業等に応じて30程度の種類があり，例えば，日本の大学等で学ぶ目的であれば「留学」の資格が，日本人と国際結婚をした外国人であれば「日本人の配偶者等」の資格が，それぞれ与えられる。

　在留資格を得たとしても，その種類によっては様々な制約が存在するし，日本に滞在できる期間も決められているので，期間経過後には在留資格の更新を求める必要がある。ところが，この制約に反して就労する者や在留資格を更新せずに滞在し続ける者も少なくない。これを「不法滞在」と呼び，近年の日本では大きな問題となっている。

　なお，不法滞在といっても，それは入管法違反を意味するだけであり，窃盗や詐欺等の犯罪をしたわけではない。経済的な理由から在留資格を得ないまま日本に滞在する外国人もいるが，そのほとんどは善良な住民として真面目に暮らしている。

　とはいえ，入管法に違反する以上，行政機関（出入国在留管理庁）による取り締まりが実施される。具体的には，不法な残留が疑われる外国人について，場合によっては身柄を拘束した上で，国外に退去させるか否かを法務大臣が判断する。これが「退去強制手続」であり，その概略は図7の通りである。

　もっとも，不法滞在であっても，国外退去を命じることができるのは，それ相応の重大な違反が認められる場合に限られる（24条）。また，退去強制に値する違反が認められる場合でも，人道上の観点から，法務

図7　退去強制手続の概要

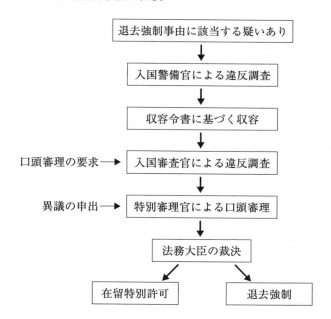

大臣が特別に在留を許可することもある。これが「在留特別許可」である（50条）。

　在留特別許可が認められないと原則として退去強制が実施されるので，不法滞在の外国人にとって最後の救済手段に当たる。そのため，許可をめぐって数多くの裁判が提起されている[94]。

　今回の事案でも，法務大臣が在留特別許可を認めなかったために，Aは不法滞在を理由として国外退去となるおそれがあった。しかし，裁判所は，Aに許可を認めるべき根拠が十分に揃っているとして，退去強制

---

[94]　その他にも，外国人の在留に関しては様々な制度がある。詳細については省略するが，難民認定と仮滞在許可，身柄収容と仮放免など，不法滞在の外国人の基本的人権に配慮した例外も認められているため，行政機関には，これらを適切に運用して，公益の確保と基本的人権の保障のバランスを図ることが求められていると言える。

を阻止したのである。

　原告Aにとって，判決が極めて画期的であることは容易に理解できるだろう。仮放免や仮滞在許可といった救済もあるが，これらはAにとって不安定な法的地位しか認めないために，Aの活動は制約され続けてしまう。しかし，在留特別許可が認められれば，Aは安定的・継続的に日本に滞在し続けることができるのである。

　もっとも，在留特別許可はあくまで例外的な措置であるので，その不許可処分が裁判で取り消される場合はそれほど多くない。この事例のように，不法滞在者に許可が認められるためには，かなり条件が揃っていなければならない。判決では，Aが長期間（約11年間）日本に滞在していること，学業が優秀であること，人格形成に極めて重要な時期に日本語で生活して教育を受けたこと，日本に深くなじんでいること等の事由が挙げられていて，これら原告に有利な状況があったからこそ，裁判所も不許可処分の取消しを命じたのである。

　さて，結果的にAが救済されたとはいえ，在留特別許可に関する入管法の規定には問題がないわけではない。許可の要件が「その他法務大臣が特別に在留を許可すべき事情があると認めるとき」（50条1項四号）と極めて抽象的であるために，法務大臣が恣意的に判断できるように見えるからである。

　この点，既に学んだように（→第8章），許可の基準が具体化されていないと，適正手続の理念に反するとして，法務大臣の認定の公正さが疑われてしまう事態となる。また，裁判官としても，何をどのように考慮すべきか，皆目見当がつかないことになる。

　そこで法務省は，在留特別許可の判定に際して考慮するポイントを「ガイドライン」として示している。その法的性質は「行政規則」に当たると解されるので，第7章で学んだドローン規制と同様の仕組みであ

ると言える。具体的には，ガイドラインでは「積極要素」（許可を認める方向に働く事由）と「消極要素」（許可を認めない方向に働く事由）がそれぞれ定められており，これらを総合的に考慮して許可の可否を判断するとされている。

　例えば，前者の例として「当該外国人が，本邦での滞在期間が長期間に及び，本邦への定着性が認められること」とか「当該外国人が，本邦の初等・中等教育機関（……）に在学し相当期間本邦に在住している実子と同居し，当該実子を監護及び養育していること」といった基準がある。これらの事由が認められる場合には，母国に送還することの不利益が大きすぎることから，法務大臣は許可を認める方向で検討するのである。

　他方で，後者の例として，「重大犯罪等により刑に処せられたことがあること」とか「その他の刑罰法令違反又はこれに準ずる素行不良が認められること」といった基準がある。日本の秩序を脅かすおそれがあることから，許可を認めない方向で検討することになる[95]。

　総じて，これらの考慮要素には合理性を認めることができるだろう。常識的に考えても，日本での滞在が長期にわたり，かつ日本が生活の本拠になっているといった事情があれば，在留特別許可を認める必要性は高い。他方で，日本の治安を脅かすような事情があれば，原則通り母国に強制的に送還せざるを得ないからである。

　もっとも，ガイドラインの規定にも曖昧さが残ることから，実際に適用する際になお主観的な評価が介在してしまう。しかし，逆にあまりに詳細な基準を設けてそれらを機械的に適用すると，かえって結果の妥当性が損なわれるおそれもある。基準をどの程度具体化すべきかという問題にも，唯一の正解は存在しないのである。

---

[95]　なお，これらの要素が総合的に考慮されるために，積極要素が一つ満たされるとしても，他の要素次第では，在留特別許可が認められないことも十分あり得る。その意味では，ガイドラインに掲げられた各要素は絶対的な効力を有するわけではない。

　今回の事例でも，Ａの日本での滞在が長期に及び，学校や地域にもなじんでいることから，ガイドラインの定める積極要素が認められそうであるが，なぜ法務大臣が許可をしなかったのか，疑問を抱く人もいるかもしれない。

　推測すると，ガイドラインには「船舶による密航，若しくは偽造旅券等又は在留資格を偽装して不正に入国したこと」や「過去に退去強制手続を受けたことがあること」といった消極要素も定められていることから，おそらく法務大臣は，Ａの一家が不法入国により日本での滞在を始めたことを重視して，在留特別許可を認めなかったのだろう。

　これも評価が難しいところである。偽造旅券等を利用した不法入国は出入国管理制度の根幹を揺るがす犯罪であり，法務省が厳しい態度で臨んでいることも十分理解できる。他方で，不法入国後のＡらの生活実態が平穏で模範的なものであれば，もはや不法入国の事実にこだわるべきではないとも考えられる。

　実際，裁判所は消極要素よりも積極要素を重視してＡの在留特別許可を認めたが，ガイドラインのどの要素を重視するかで結論が180度変わってしまうことがこの問題の難しさであろう[96]。

3．裁量権について

　さて，以上の説明を踏まえて，本章の主題である「裁量権」について説明しよう。一般に，「行政行為における裁量とは，法律が行政権の判断に専属するものとして委ねた領域の存否ないしはその範囲」と定義される。これもかなり難解であるが，ポイントとなるのは，裁量権とは裁判所による司法審査の強弱（審査密度ともいう）に関係することである。

96　ガイドラインは行政規則に当たると解されるので，第7章で見たようにその効力は内部効果にとどまる。そのため，裁判所はガイドラインに即することなく独自に不許可処分の違法性を判定できるが，ガイドラインを是認してそれに基づき違法性を判断することもできる。

　単純化すると，例えば「行政庁に裁量権が認められる」または「行政庁に認められる裁量権が広い」場合であれば，司法審査が緩やかになり，行政処分の違法性が認められにくくなることを意味する。具体的には，行政庁の判断が著しく不合理であるとか，明白な過誤が存在するといった場合にのみ，行政処分は違法とされる。このように，裁量権の行使が違法とされる場合を「裁量権の逸脱・濫用」と呼んでいる。

　逆に「行政庁に裁量権が認められない」または「行政庁に認められる裁量権が狭い」場合には，司法審査が厳しくなり，行政処分の違法性が認められやすくなる。具体的には，行政庁の判断にわずかでも不合理な点があれば，裁判所は行政処分を違法とすることができる。

　在留特別許可について言えば，仮に「行政庁に認められる裁量権が広い」のであれば，不許可処分にした法務大臣に不合理な点があったとしても，それが「著しい」ものでなければ，裁判所はその適法性を認めなければならない。例えば，Aに関する積極要素を法務大臣が軽視したと

図 8　裁量権と司法審査の関係

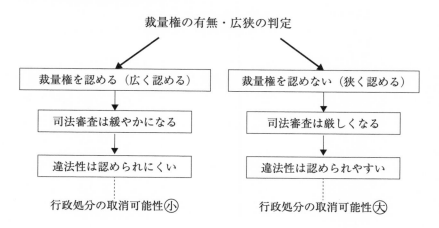

しても，その判断に一応の合理性があるのであれば，やはり不許可処分は適法となるのである（図8）。

　もう一つポイントとなるのは，行政庁に裁量権が認められるか否かは，裁判所が行政処分ごとに法律の規定等を解釈して決するということである。より具体的には，①法律の文言の抽象性，②専門的・政治的判断の必要性，③権利利益の重要性の三つを考慮して，裁量権の有無が判断される。

　大まかな傾向としては，法律の文言の抽象度が高い場合には，行政庁に判断を委ねる趣旨であるとして，裁量権が認められやすい。また，政治的に重要な事項や専門知識が必要な事項についても裁量権は認められやすい。しかし，重要な権利が強く侵害される場合には，司法救済の必要性が高まることから，裁量権は認められにくいと言える[97]。

　では，在留特別許可について裁量権は認められるのだろうか。結論から述べると，これまでの判例では，行政庁に広い裁量権（法務大臣の広範な裁量）が認められている。その根拠としては，①入管法50条1項に定める許可基準が極めて抽象的であること，②国内の治安維持や保健・衛生の確保，労働市場の安定等に関する高度な政治的な判断が必要となること，③憲法上，外国人は日本に滞在し続ける権利を保障されていないこと，の三つが挙げられている。

　これらの根拠についても評価が分かれるかもしれない。確かに，①と②の根拠はそれなりに説得的であるが，③については，Aが強制送還されると生活の本拠が奪われてしまい，これまで築いてきた人間関係も失われてしまう。そうすると，Aの受ける不利益は極めて甚大であるから，裁量権を否定すべきであるとも考えられる。

　実際，不法滞在者といっても，その置かれている状況は様々であるから，一律に広範な裁量権を認めることには疑問を抱かざるを得ない。そ

---

[97]　判例では，土地収用の事業認定（→第4章・第9章）や産業廃棄物処分業等の許可（→第8章）については行政庁の裁量権が認められているが，飲食店の営業許可（→第2章）については裁量権は認められていない。

のためか，一部の判例では，法務大臣の広範な裁量権を形式的には認めつつも，実質的にはその範囲を限定して不許可処分の違法性が導き出されている。

　この事案についても，本来，法務大臣に広範な裁量権が認められることから，裁判所が不許可処分の取消しを命じるためのハードルは極めて高かったと考えられる。しかし，裁判所は積極要素を重視することで果敢にも処分の違法性を認めたのである。

　ここで決め手となったのは，やはりガイドラインの定めであると考えられる。第7章で説明した「行政規則の外部化現象」によれば，仮に行政庁に広範な裁量権が認められる場合でも，行政規則で基準を定めた以上は自己拘束が生じる。司法審査との関係でも，行政庁の裁量権が収縮するので，基準に反する処分であれば，その違法性を認めることが可能になると考えられるのである。

　以上のように，裁判所が一般論として行政庁に広範な裁量権を認める場合でも，具体的な包摂の局面では，行政規則等を援用しつつ行政処分の違法性を導き出すこともある。これは，伝統的な行政法理論が現実に合わなくなり，判例法によりその修正が試みられていることの証左であるかもしれない。従来の行政訴訟では，行政庁が金科玉条のように裁量権の存在を主張することが多かったが，近年では，その効果は徐々に薄れていると言えるだろう。

4.　裁量権の意義と必要性

　3で説明したように，裁量権の有無・広狭は裁判所が法解釈によって決定する。裁量権も法的問題であるので，司法権を担う裁判所が終局的な決定権を有するからである。

　そのため，行政庁がいくら裁量権の存在を主張しても，裁判所はこれ

を否定して，より厳格な司法審査を選択できるが，現実には多くの事案で裁判所は裁量権を認めている。これは裁判所が自らの権限を自主的に制限していることを意味するが，なぜこのような「自主規制」をするのだろうか。

　その理由は，裁判所が専門知識や民主的正統性に関する自らの限界を自覚して，司法審査を自重しているからであると考えられる。言い換えると，行政庁の判断に委ねた方が適切な結果が期待できるとして，過剰な介入を差し控えているのである。

　実際，行政処分の違法性を判定する際には，関係する専門知識が必要になるが，裁判官は必ずしも十分な専門知識を有するわけではない。また，裁判官は国民の選挙で選ばれるわけではないが，大臣や知事・市町村長は国民の選挙によって直接・間接に選ばれるので，行政庁の方がより強い民主的正統性を有している。

　そうすると，特に専門知識が必要な事項や高度に政治的な事項については，裁判所よりも行政庁の判断を優先させた方が，より適切な結果，別の言い方をすると，より合理的で国民に受容されやすい結果がもたらされると結論付けられる[98]。

　このように，裁量権の理論とは，行政庁との関係で裁判所の司法審査に限界が存在することを示すものである。本来，法律による行政の原理によれば，行政庁は当然に司法審査に服すべきであるが，その原則が修正されていることが分かるだろう。

---

[98] 極端な例であるが，特に政治的に重要な事案について裁判所が介入した結果，国会や内閣と激しく対立することもある。かなり以前のことであるが，全逓東京中郵事件（最判昭和41年10月26日）等の一連の判決では，公務員の政治活動を認める最高裁とそれを否定する内閣が対立し，結果的には，内閣が最高裁の人事に介入し，政府寄りの裁判官を多数任命することで事態の解決が図られた（ただし，この事案では裁量権の有無が争点となったわけではない）。このような対立を避けるために，裁判官は政治的事項に関しては国会の判断を尊重すべきである，という「司法権の限界」が主張されることもある。

5.　裁量統制について

　先に触れたように，裁量権は人々の権利救済を妨げるものであるから，できるだけその範囲を狭めることが望ましい。もちろん，根本的には裁量権の概念それ自体を否定するという解決策も考えられるが，現実的には，程度の差はあれ行政処分には公益が関係するので，裁量権を認める必要性は残る。

　そこで，裁量権が認められるとしても，裁判所による司法審査を工夫することで，実効的な権利救済を図ることが提案されている。これが「裁量統制」の問題である。

　この点，昔の判例では，行政処分の内容が「社会観念上著しく妥当を欠く」場合には違法性が認められる，との基準が示されていた。これは「社会観念審査」と呼ばれており，行政庁の判断に著しい過誤がある場合にのみ違法性を認めることから，裁量統制としては弱い手法であったと言える。

　他方で，近年の判例では，行政庁の裁量判断の「結果」を審査するのではなく，その「手続」ないし「過程」の妥当性を審査するという方法が考え出されている。具体的には，①行政庁が適正な手続を経て処分を決定したのか，という点を審査する「手続的統制」や，②判断の過程で関係する事情を適正に考慮したのか，という点を審査する「判断過程審査」である。

　もし手続や過程に不合理な点があれば，裁判所は，結論の当否に立ち入ることなく，処分の違法性を認めて取り消すことになる。これを受けて，許認可等の申請に基づく処分であれば，行政庁は判決の趣旨に即して処分をやり直さなければならない。また，不利益処分であれば，処分を断念することもできるし，判決の趣旨に即して処分をやり直すことも

できる（→第12章）。

　これらの手法は，行政庁の専門的判断を尊重しつつも，その判断に部分的な誤りがあれば，処分のやり直しを命じることを主眼としている。裁量権の尊重と権利救済の実効性の二つを調和させるための工夫であると言えるだろう。

　今回の事案に当てはめてみると，法務大臣が不許可処分をするまでの手続や過程にもし不合理な点があれば，その違法性を認めることができる[99]。例えば，適正な告知や意見聴取を怠ったという重大な手続違反が認められる場合や，本来重視すべき事情を軽視したり（考慮不尽），本来考慮すべきでない事情を考慮したりした場合である（他事考慮）。

　実際，先に触れたように，法務大臣の判断には，学業が優秀であることや将来の大学進学の可能性があることを軽視しているように思われる。他の不法滞在者と比べて，在留特別許可はより重要な利益をAにもたらすのであるから，判断過程に不合理な点があることは否定できない。そのため，伝統的な社会観念審査では違法性を認めることは困難であるが，判断過程審査を用いると違法性を認めることも十分可能になるのである。

6. 要件裁量と効果裁量

　裁量権をめぐってもう一つ注意しなければならないのは，法令の定める基準が満たされるか，という「要件」の判断と，要件が満たされる場合にどの措置をとることができるか（とらなければならないか），という「効果」の判断とで，それぞれ裁量権を観念できることである。

　まず，要件の認定に関する裁量権のことを「要件裁量」と呼んでいる。在留特別許可を例にすると，「その他法務大臣が特別に在留を許可すべき事情があると認めるとき」という要件の判断について，行政庁に

---

[99] もっとも，行政手続法は退去強制や在留特別許可には適用されないことに注意する必要がある（「適用除外」と呼ばれる）。ただし，行政法の一般法原則としての適正手続の理念はここでも妥当すると考えられる。

認められる裁量権が要件裁量となる。

　他方で，効果の選択に関する裁量権のことを「効果裁量」と呼んでいる。要件が満たされるとして，在留特別許可を与えるか否か，与えるとしてどのような内容にするか，といった選択について，行政庁に認められる裁量権が効果裁量である。もっとも，判例では，要件裁量と効果裁量が区別されていない場合がほとんどであるので，この区別は実際上の意味を失いつつあるとも言える。

　ただし，要件の成否と効果の選択に関して法令が特別の定め方をしている場合には，この点が効果裁量と関連付けられることもある。以下，簡単に解説しよう。

　実は，行政処分に関する法律の規定には，①「○○であれば許可をしなければならない」とか，②「○○でなければ許可をしてはならない」，③「○○であれば許可をすることができる」といった種類がある。例えば，食品衛生法55条２項は「都道府県知事は，その営業の施設が前条の規定による基準に合うと認めるときは，許可をしなければならない」と定めているが，これは①の例に当たる。他方で，産業廃棄物処理業に関する廃掃法14条５項は②の類型であるし，事業認定に関する土地収用法20条の規定は③に当たる[100]。

　以上のように，法令の定める要件との兼ね合いで行政庁がどのような処分をすることができるのか（すべきなのか，してはならないのか）といった点は，法令の定めによって変わってくる。

　そして，①であれば，要件が満たされる場合に行政庁に選択の余地はないので，この点を捉えて「行政庁に効果裁量は認められない」と表現

100　①であれば，要件が満たされる場合には必ず行政庁は許可をしなければならないが，②・③であれば，要件が満たされるとしても行政庁は不許可にすることもできる。ただし，訴訟の結果，行政法の一般法原則に抵触するとして，不許可が違法と評価される場合もある。また，①については，文言上は，要件が満たされなくても行政庁が許可することもできると解される。もっとも，許可によって不利益を受ける第三者との関係では，許可が違法と評価される場合もある。

することがある。また，②・③については，逆に行政庁に選択の余地が認められることから，「行政庁に効果裁量が認められる」と呼ぶことがある。

　しかし，厳密に言えば，「行政庁にどのような選択の余地があるのか」という点と，「司法審査がどの程度緩和されるのか」という点は別の問題である。例えば，②・③の場合でも，許可の可否について司法審査が厳格に実施されるのであれば，それは効果裁量が認められないことを意味する。それゆえ，効果裁量の意味を正しく理解した上で，これら二つの問題を区別して論じる必要があるだろう。

7. 終わりに

　本章では，裁量権（行政裁量）について学んだ。裁量権の理論には批判も多いが，結局は行政法の存在意義に関わる概念であるので，その重要性を正しく理解してほしい。他方で，近年の判例の動向を見ると，裁量権が広く認められるとしても，裁判所が様々な工夫をこらして効果的な裁量統制を実施している場合も少なくない。このような最新の判例の動向にも注意しよう。

学習課題

1．日本における難民認定の認定数について，法務省の公表している統計データを調べてその傾向をまとめよう（2019（令和元）年度については下記 HP を参照）。
   http ://www. moj. go. jp / nyuukokukanri / kouhou / nyuukokukanri 03_00004.html
2．判断過程審査を打ち出した著名な判例として，「日光太郎杉事件」

（東京高判昭和48年 7 月13日）がある。下記の裁判所 HP に掲載され
ている判決文を読んで，その内容をまとめよう。

https ://www.courts.go.jp/app/hanrei_jp/detail5?id=18123

11 | 行政救済1 —行政不服審査と行政訴訟

《**学習のポイント**》 権利救済制度につき，行政不服審査制度の機能や問題点を学んだ上で，行政訴訟の類型（抗告訴訟と当事者訴訟）について学ぶ。
《**キーワード**》 行政不服審査，審査請求，抗告訴訟，取消訴訟

〔安心の子育て〕待機児童(2)増設しても追いつかず

（読売新聞　2017年4月6日　東京朝刊（抜粋））

◆少子化前提での保育所整備

　子どもは減る。だから保育所を増やしても無駄になるのではないか──。保育所が増えない背景について，東京都内のある区長は「行政サイドにはこれまで，少子化を見据えて保育所増設に消極的な姿勢があった」と打ち明ける。実際，2016年の出生数は統計を取り始めてから初めて，100万人を割り込んだ。子どもは確実に減っている。

　しかし待機児童問題は深刻化し，自治体は保育所整備に追われている。保育所を作れば利用希望者が増え，「作っても作っても，需要拡大に追いつかない」。各自治体の担当者は異口同音に言う。……

　熱心に取り組んでも達成が難しい待機児童ゼロ。保育行政が遅れ

ているからだとして，保護者らによる保育所増設を求める動きが，各地に広がっている。

　新年度を控えた先月30日，東京都武蔵野市内の保護者グループ「保育園増やし隊＠武蔵野」のメンバーが，乳児を連れて市役所を訪れた。子どもを認可保育施設に預けられないのは不当だとして，市に対して行政不服審査法に基づく審査請求を行った。

　同市在住の会社員女性（31）は，認可保育施設に８か月の長女を預けられなかった。市内外の認可外保育所計17か所を回り，やっと入所できたのはバスで20分以上かかる遠くの施設。保育料は月額約９万円で認可保育所より数万円多い出費となる。「子どもを持つ親が私のようなつらい思いをしないよう，保育所を増やしてほしい」……

1.　はじめに

　本章から第14章では，行政法における権利救済の仕組みについて学ぶが，まずは行政不服審査制度の概要を学んでから，行政訴訟制度との関係を理解しよう。

　記事を読むと，保育所入所に関する選考結果が問題となっていて，保育所に落選した保護者グループが集団で「行政不服審査法に基づく審査請求」を行ったとある。この審査請求が権利救済の一手段であることは第６章で触れたが，詳細についてはこれから説明しよう。

　前提として，保育所に子どもを預ける際の仕組みを押さえておく必要がある。近年では，共働き世帯が多くなっているので，保育所は身近な施設になっているが，関連する法制度はかなり複雑であることに注意し

図9　保育サービスの提供の仕組み

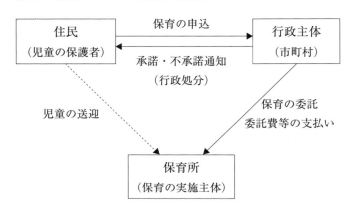

　よう。

　さて，保育所における保育サービス（乳幼児を保護して育てること）の提供は典型的な給付行政に当たり，国や地方自治体（特に市町村）がその運営を担っている。今回の記事からも分かるように，給付行政であっても，その提供が不十分であると人々の生活に深刻な影響が及ぶことから，その執行が適正なものであることが求められる。また，法令の規定や行政法の一般法原則の規律が及ぶことも既に見た通りである（→第3章）。

　基本的な仕組みを説明すると（図9），児童福祉法によれば，児童が保育を必要とする場合には，市町村は当該児童を保育所で保育しなければならない（24条1項）。通常は，保護者の申請に基づいて，市町村長が「承諾通知」等を発することで利用の可否が決定されるが，この承諾通知は保護者や児童の「保育を受ける地位」を変動させるので，行政処分に当たると解されている。

　保育所への入所が認められると，市町村は児童の保育を保育所に委託

する。なお，保育所には公営（市町村の運営するもの）・民営（社会福祉法人が運営するもの）の2種類があり，近年では民営の保育所が増えている。そして，保護者は市町村に保育料を支払い，市町村は保育所に委託費や各種の補助金を支給する。

　問題となるのは，保育所にはその広さや職員数に応じて「定員」（受入可能児童数）が定められているので，希望者が定員を超える場合には選考が必要となることである。この場合，市町村は「利用について調整」した上で（24条3項），その調整結果を保護者に通知する。

　以上のように，児童の保護者が保育所の利用を希望する場合，個別に保育所と交渉するのではなく，市町村に申請をして，市町村がその可否を一括で判定するという方法がとられている。また，希望者が多数の場合には一定の基準に基づいて選考が実施される。この記事でも紹介されているように，保育所への入所が拒否される事例は非常に多く，近年，重要な政治課題となっている（「待機児童問題」と呼ばれる）。

　この選考の過程で問題となるのは，在留特別許可の場合と同様に（→第10章），具体的な基準が児童福祉法に置かれていないことである。そこで，選考の公正さ・客観性を高めるために，それぞれの市町村が独自の選考基準を行政規則として定めている。選考基準の内容は様々であるが，一般に，申請者が保育を必要とする事情をポイント化（指数化）して，そのポイントの合計を基に選考する仕組みがとられている[101]。

　このように，選考過程の公正さを高める努力がされているものの，ポイントが相対的に低い場合でも保育を必要とする事情には変わりはないし，基準自体が十分に合理的で児童福祉法の趣旨に適っているかと問われると，必ずしもそうとは言えない部分もある。そのため，選考に漏れた保護者が強い不満を示すことも当然であろう。

---

[101]　宇都宮市の「宇都宮市保育の実施選考基準」を例にすると，就労時間が「月160時間以上」であれば10ポイントといった基準指数の他に，「ひとり親世帯」であれば3ポイントを，「希望する保育所に兄弟姉妹が入所している」場合であれば3ポイントを，それぞれ追加するといった調整指数が定められている。

　問題の根本的な解決のためには保育所を増設して定員を増やすしかないが，多額の費用と長い期間を必要とすることから，特に大都市部では整備が進んでいない。そのため，限られたパイを奪い合う状態が続いているのである。

2. 審査請求の仕組み

　では，選考に漏れた申請者は泣き寝入りするしかないのだろうか。記事に出てきたように，行政不服審査法（以下「行審法」という）に基づく「審査請求」を提起する，という手段が考えられる。これは，処分を行った行政庁（「処分庁」と呼ばれる）またはその上級庁に，処分の適法性・妥当性の審査を求めるものである。

　審査請求を担当する行政庁（「審査庁」と呼ばれる）は処分の妥当・不当まで審査できるのに対して，行政訴訟では，裁判所は処分の適法・違法しか判定できないという違いがある。これは，裁判所の権限（司法権）は法的な判断に限定されるが，行政庁の権限にはそのような制約が及ばないからである。

　記事に出てくる武蔵野市の保育所の不承諾通知を例にすると，申請者は上級庁である「武蔵野市長」に対して審査請求を求めることができる[102]。審査請求がされると，武蔵野市は申請者の主張等を聞いた上で処分の内容を再検討して，処分を変更するか否かを決定する（この決定のことを「裁決」と呼ぶ）。もし申請者の主張が受け入れられると，不承諾通知は取り消されて保育所への入所が認められる（「認容裁決」と呼ばれる）。逆に，主張が受け入れられない場合には，不承諾通知が維持されて，保育所への入所は認められない（「棄却裁決」と呼ばれる）。

　審査請求の基本的な仕組みは以上の通りであるが，容易に理解できるように，行政処分と審査請求を同じ行政機関が担当することから，判断

が覆されて審査請求が認容される可能性は極めて低い。統計データや裁決例を見ても，ほとんどの場合，審査請求の提起は無駄に終わってしまうのである。

　そのため，審査請求をはじめとする行政不服審査の存在意義が問われる事態となっている。人々の権利救済に繋がらないのであれば，制度に対する不信が高まるのは当然であろう。そこで近年の改革では，行政不服審査の公正さを高めるために，「審理員」の導入を軸とした抜本的な法改正が実現した。この点は高く評価できるが，より実効的な救済が得られるか否かについては，今後の推移を見守る必要があるだろう。

3.　行政訴訟の仕組み

　行政不服審査の詳細については4で学ぶとして，先に行政訴訟について概観しておこう。これも何度か触れたところであるが，行政処分によって不利益を受けた者は取消訴訟等を提起することで裁判所に救済を求めることができる。この点は保育所の不承諾通知についても同様であるので，保護者としては，審査請求で救済を得られなかったとしても，さらに不承諾通知の取消訴訟を提起できる。可能性は低いものの，第10章で見たように，裁判所が処分の違法性を認めることも期待できる。

102　ここでいう「処分庁」「上級庁」については，補足の説明が必要だろう。まず，重要な行政処分については，通常，大臣や知事・市町村長が処分庁となるが，大量・反復的にされる行政処分については，大臣等の部下に当たる者（これを「下級機関」と呼ぶ）が処分庁とされることが多い。例えば，保育所の承諾通知については，通常は「福祉事務所長」が処分庁とされている。また，行政組織の序列上，上位に位置する機関のことを「上級庁（上級機関）」と呼ぶ。この場合，福祉事務所長の上級庁は「市長」であるので，審査請求を提起する際には，「福祉事務所長」ではなく，「市長」を対象としなければならない。申請者にとってみれば，市長であれ福祉事務所長であれ，同じ行政組織の一員であるので，両者を区別する必要性は感じないかもしれないが，行政不服審査法の下では，両者は明確に区別されているのである。なお，大臣や知事・市町村長が処分庁となる場合には，その上級庁は存在しないので，処分庁に審査請求を提起することになる。また，法律で特別の機関が審査庁に指定される場合も少なくない。

　ここで注意を要するのは，取消訴訟をはじめとする行政訴訟の体系的
理解である。実は，取消訴訟とは行政訴訟の中の一つに過ぎず，他にも
様々な訴訟形式がある。訴訟の対象と求める救済内容によって，提起す
べき訴訟が異なってくるのが特徴である。改めて考えると，このように
訴訟形式を細分化せずに，よりシンプルな制度にする方が望ましいとも
思えてくるが，この点には深入りせずに現行制度を解説するにとどめよ
う。

　まず，行訴法に定める訴訟制度のことを「行政訴訟（行政事件訴訟）」
と呼んでいる。逆に言えば，国や地方自治体等が当事者となる訴訟であ
っても，民法や民事訴訟法が適用される場合には「民事訴訟」に分類さ
れる（物品の調達契約をめぐる争い等）。

　行政訴訟のうち，「公権力の行使」に関する訴訟を「抗告訴訟」と，
それ以外の「公法上の法律関係」に関する訴訟を「当事者訴訟」と，そ
れぞれ呼んでいる。そして，抗告訴訟の中には様々な訴訟形式があり，
これまで何度か登場した取消訴訟はその一つに当たる。他にも，無効等
確認訴訟や義務付けの訴えなどがあるが，いずれも重要な訴訟形式であ
るので，その特徴を正確に理解する必要がある（図10）。

　その他にも，民衆訴訟や機関訴訟という特別の類型もあるが，通常，
人々の権利救済との関係で問題となるのは抗告訴訟と当事者訴訟である
ので，民衆訴訟等については説明を省略しよう。

　さて，「公権力の行使」に関する訴訟とは，簡単に言えば行政処分を
めぐる訴訟のことを意味する。行政処分の取消しを求めるためには取消
訴訟を，行政処分の差止めを求めるためには差止めの訴えを，それぞれ
提起しなければならないといったように，行政処分が訴訟の対象となる
場合には抗告訴訟を用いなければならない。この点は「公定力（取消訴
訟の排他的管轄）」に関連して既に説明したところである[103]（→第9

---

[103]　簡単に復習すると，取消訴訟をはじめとする抗告訴訟では行政側に有利な手
　　続的ルールがとられており，行政処分の公益性を十分に守るために，行政処分の
　　効果を争う際には抗告訴訟の提起が要求されているのである。

図10　行政訴訟の類型

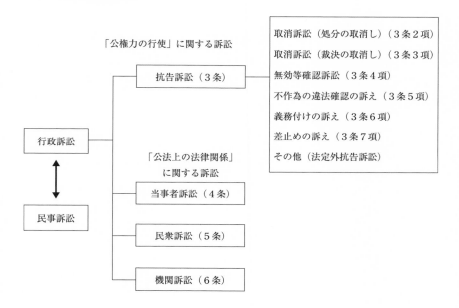

章)。

　他方で，行政処分と直接関係しない法的紛争のことを「公法上の法律
関係に関する訴訟」と呼び，こちらについては当事者訴訟を提起するこ
とになる。若干の例外規定が置かれているとはいえ（39条〜41条），当
事者訴訟は実質的には民事訴訟とほぼ同じものであり，出訴期間や仮処
分の排除といった行政側に有利な手続的ルールも適用されない。

　法律関係に関する訴訟のうち，「公法」が関係すれば当事者訴訟を，
「私法」が関係すると民事訴訟を，それぞれ提起することになるが，こ
こでいう「公法」の範囲は必ずしも明確ではない。判例によれば，公務
員の給与の支払いや税金の返還を求める訴訟（給付訴訟），国籍の確認
を求める訴訟等は，この「公法上の法律関係に関する訴訟」に分類され

ている。

　先に述べたように，当事者訴訟は民事訴訟にほぼ等しいことから，従来，その意義が注目されることは少なかった。しかし，2004年（平成16年）の行訴法改正の際には，当事者訴訟を多様な紛争の「受け皿」として活用することが意図されて，「公法上の法律関係に関する確認の訴え」が明文化された。その趣旨については後に説明しよう（→第13章）。

　さて，保育所の不承諾通知について裁判上の救済を求めるためには，①「保育所に入所する地位」の確認を求める当事者訴訟を提起する方法も考えられるが，不承諾通知が行政処分であると解されていることから，②武蔵野市を被告としてその取消訴訟を提起する必要がある。

　また，③義務付けの訴えとして，「保育所入所の承諾処分」を求める訴えを提起することもできる。取消訴訟であれば，単に不承諾処分の取消しを求めるにとどまるが，この義務付けの訴えでは，不承諾処分を取り消すにとどまらず，承諾処分をすることを武蔵野市に求めることができる[104]。

4. 行政不服審査法

（1）不服申立前置

　さて，先に説明したように，行政不服審査と行政訴訟の二つの救済手段が並存していることから，両者の関係についても整理する必要がある。この点，救済を求める際にどちらを利用するかは原則として人々の自由に任されている。審査請求のみを提起しても構わないし，取消訴訟

---

[104]　常識的に考えると，「不承諾処分を取り消すこと」と「承諾処分をすること」は同じであるように思えるが，行訴法の下では，両者は明確に区別されている。そのため，訴訟形式も異なっているのである。第10章で触れたように，不許可処分を取り消したとしても，行政庁としては必ず許可処分をすべき義務を負うわけではない。他方で，許可処分をすることを行政庁に命じると，行政庁としては必ず許可処分をすべき義務を負うことになる。判決のもたらす効力（拘束力）が取消訴訟と義務付けの訴えで異なっているのがポイントである。義務付けの訴えについては第13章で取り上げる。

のみを提起しても構わないし，審査請求と取消訴訟を同時に提起することもできるということである。

　ところが，重要な例外として，審査請求を提起してその裁決を経た場合にのみ，取消訴訟の提起が許されることがある。これを「不服申立前置（審査請求前置）」と呼び，訴訟要件の一つに当たる（行訴法８条１項）。例えば，生活保護法69条は「この法律の規定に基づき保護の実施機関又は支給機関がした処分の取消しの訴えは，当該処分についての審査請求に対する裁決を経た後でなければ，提起することができない」と定めており，取消訴訟の提起を制限している。その他にも，社会保障や租税の分野でこの不服申立前置が採用されている。なお，審査請求を提起しても一定の期間内に裁決がされない場合等には，原則に戻って取消訴訟の提起が認められる（行訴法８条２項）。

　不服申立前置が置かれる理由としては，審査請求等を経ることで，専門知識を有する行政機関によって問題点が整理されるので，裁判所の負担が質的にも量的にも軽減されることにある。また，第三者機関により実効的な権利救済が期待できる場合にも，不服申立前置を定めることが正当化され得る。

　もっとも，不服申立前置が必要以上に権利救済を遅延させている，といった批判が強かったため，2014年（平成26年）の行審法の改正に際して相当数の不服申立前置が廃止された（100程度から40弱に減った）。この点は高く評価できるところだろう。

　不承諾通知について言えば，児童福祉法を見ても審査請求前置を定める規定は存在しないので，保護者としては直ちに取消訴訟を提起することもできる。もっとも，訴訟提起には多額の費用がかかる場合があるので，記事で紹介された武蔵野市の保護者グループはまずは審査請求を提起することを選択したのだろう。

（2）不服申立ての種類

　行政不服審査にも幾つかの類型があるが，2014年（平成26年）の行審法改正の際に再編されて，①審査請求を原則としつつも，例外として②再調査請求と③諮問手続，④再審査請求が設けられることになった。

　まず，②再調査請求とは審査請求の前段階に当たるものであり，租税分野などの一部の法律で導入されている（5条）。この場合でも，再調査請求を提起せずに直ちに審査請求を提起できるので，再調査請求の提起は必須のものではない。

　次に，③諮問手続とは，一定の重要案件が問題となる場合や，中立的な機関が審査に関与しない場合等に，裁決の前に「行政不服審査会」に諮問することを意味する（43条）[105]。これは，中立的な第三者を裁決に関与させることで，裁決の公正さを高めるための工夫である。

　最後の④再審査請求とは，審査請求の裁決後にさらに別の行政機関（再審査庁）に審査を申し立てることを意味する。これも，法律で特別に認める場合にのみ提起することができる（6条）。労働者災害補償保険や生活保護等，社会保障の分野で幾つか導入されており，第二審としての機能を担っている。

（3）審査庁

　審査請求を担当する行政機関（審査庁）については，先に触れたように，①処分庁（上級庁がない場合），②上級庁（上級庁がある場合），③法律で定める特別の機関，の三つの場合がある。

　特に注意を要するのは③であり，例えば，建築基準法に基づく建築確認については，上級庁である市町村長や知事が審査庁になるのではなく，「建築審査会」という特別の機関が審査庁になる（建築基準法78条以下）。その他にも，国家公務員の懲戒処分については人事院が，国民

---

[105]　行政不服審査会とは，優れた識見を有する専門委員から構成される第三者機関であり，審理の客観性・公正さを確保する役割を担っている（67条以下）。ただし，審査庁は審査会の答申に法的に拘束されるわけではない。

健康保険の保険料徴収等に関しては国民健康保険審査会が，それぞれ審査請求を担当している（国家公務員法90条，国民健康保険法91条）。

これらの特別の機関（「第三者機関」と呼ばれる）には，行政組織外の専門家等も参画することから，より中立的・公正な判断が期待できる。そのため，権利救済の実効性という観点からは第三者機関を置くことが望ましいが，審理にかかる時間や事務負担が増えてしまうという弱点もある。

（4）審査請求の内容と不服申立要件

審査請求の内容としては，取消訴訟のように，①不利益処分や申請拒否処分の取消しを求めるもの（行審法2条）と，不作為の違法確認訴訟のように，②申請に対する不作為（応答留保）が続く場合に，その不作為の是正を求めるもの（3条）の二つがある。抗告訴訟とは異なり，義務付けや差止め，処分の無効を求める類型は存在しない。

また，審査請求等の不服申立てを提起する際には，審査請求期間や不服申立適格，処分性といった要件が満たされる必要がある（これらを「不服申立要件」と呼ぶ）。基本的な仕組みは取消訴訟の訴訟要件と似ているので，第12章の説明を参照してほしいが，若干の違いもある。

例えば，審査請求期間については，「処分があったことを知った日の翌日から起算して三月」または「処分（……）があった日の翌日から起算して一年」という制限がある。当然，この期間を過ぎると，審査請求は不適法なものとして却下される。また，不服申立前置が定められている場合には，審査請求が却下されると取消訴訟も提起できなくなることに注意する必要がある。

（5）審理員制度

　先に述べたように，行政不服申立制度は行政機関による自己統制であるから，審理の客観性・公正さに劣るところがある。この欠点を多少なりとも解消するために，2014年の行審法改正では，処分に関与する者と審理に当たる者を分離する改革が実施された（「職能分離」と呼ばれる）。

　具体的には，公正かつ適正に事件の審理を行うことのできる者を「審理員」に指名して，審理の主宰を委ねている。基本的な仕組みは行政手続法の聴聞手続に似ているが，審査請求に係る行政処分に関与した公務員等，公正な審理を期待できない者は審理員から除外されるのがポイントである（9条2項）。

　審理に際しては，審理員の主宰の下，当事者が主張・証拠を提出し合い，処分の妥当性や適法性について攻撃防御を行う（28条以下）。主張・証拠が出揃った後に，審理員は裁決に関する意見書（審理員意見書）と事件記録を作成して審査庁に提出する（図11）。

　審理員意見書等を受け取った審査庁は，これらに基づき裁決を下す。その趣旨は，審査庁は意見書に法的に拘束されるわけではないものの，

図11　審理員による審理の仕組み

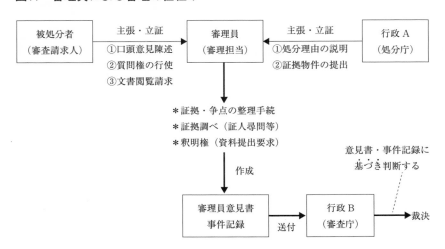

意見書と異なる判断を下す場合には，その理由と根拠を審査請求人に説明しなければならないことにある（50条1項四号）。

　審理員制度の下では，職能分離がある程度達成され，かつ審理の充実も図られているので，以前と比べればより実効的な権利救済が期待できる。もっとも，保育所の入所に関しては，ポイント制に基づき優先順位が決定されることから，審理員が再度判断したとしても，処分庁の判断が覆されることはほとんど期待できないだろう。根本的な解決策としては，やはり保育所の増設を着実に進めるしかない。

5.　不服申立てと取消訴訟の関係

　最後に，不服申立てと取消訴訟の関係というかなり厄介な論点について説明しよう。3で見たように，取消訴訟には「処分の取消しの訴え」と「裁決の取消しの訴え」の二つがある。つまり，行訴法では，行政処分と審査請求の裁決それぞれに対して取消訴訟を提起することを認めており，さらに，原処分の取消訴訟と裁決の取消訴訟を同時に提起することも認めている。

　しかし，実質的に同一の事件について二つの訴訟が提起されると，両者の抵触が問題となり得る。例えば，原処分の取消訴訟は棄却されたが裁決の取消訴訟は認容された，といった場合に，原告や行政庁はどうすればいいのだろうか。そこで，両者の関係を調整する必要が生じるが，行訴法は以下のような解決策をとっている。

　まず，不服申立前置がとられていない場合（自由選択主義），審査請求と原処分の取消訴訟の両方を直ちに提起できるが，裁判所は審査請求の結論が出るまで訴訟手続を中止することができる（8条3項）。これは，審査請求において認容裁決が下された場合，それまでの裁判審理が無駄になってしまい，訴訟経済に反するおそれがあるからである。

次に，不服申立前置の場合には，予め審査請求を提起した後でなけれ
ば，原処分の取消訴訟を提起することはできないが，裁決が出た後に
は，裁決の取消訴訟と原処分の取消訴訟の両方を提起できる。

この点，行訴法は一定の主張制限を設けることで両者の役割を区別し
ている。すなわち，裁決の取消訴訟では原処分の違法性を主張すること
はできず，ただ裁決固有の違法性（手続の違法等）を主張できるにとど
まる（10条2項）。そのため，仮に原処分が違法なものであるとして
も，裁決が適正な手続を経て下されたものである限りは，裁決の取消し
は認められない。他方で，原処分の取消訴訟では裁決固有の違法性を主
張することはできない[106]。

例えば，裁決に手続上の違法性があるが原処分には何らの違法性がな
い場合，裁決の取消訴訟は認容されるが，原処分の取消訴訟は棄却され
る。しかし，その理由が異なるので，判決の抵触・矛盾は生じないこと
になる。この場合，判決の拘束力に基づき，審査庁は適正な手続を経て
裁決をやり直さなければならず，原処分の不当性・違法性が新たに判明
すれば，認容裁決を下すことになる。

6．終わりに

本章では，行政不服審査制度と行政訴訟それぞれの基本的仕組みと，
両者の関係性について学んだ。重要で難解な論点が多いために，本来で
あれば，より詳しい説明が必要となるところである。権利救済の仕組み
は実生活にも深く関係しているので，ぜひ基本書や教科書で深く学んで
ほしい。

106　裁決固有の違法性が認められる場合はそれほど多くないから，実際上は，裁
　　決の取消訴訟を提起する意義はほとんどないことになる。ただし，重要な例外と
　　して，原処分の取消訴訟の提起を認めずに，裁決の取消訴訟のみを認める場合が
　　ある（「裁決主義」と呼ばれる）。この場合には，裁決の取消訴訟で原処分の違法
　　性を主張できる。

学習課題

1．行政不服審査法は2014年（平成26年）に抜本的に改正されたが，そのベースとなったのが「行政不服審査制度検討会・最終報告」である。下記の HP に掲載された最終報告を読んだ上で，改正のポイントをまとめよう。

行政不服審査制度検討会・最終報告：

https ://www.soumu.go.jp/main_content/000177878.pdf

行政不服審査法の見直しについて：

https ://www. soumu. go. jp / main_sosiki / gyoukan / kanri / fufuku / #minaoshi

2．行政不服審査法に基づく不服申立（審査請求等）については，下記の総務省のデータベース（行政不服審査裁決・答申検索データベース）で裁決等の内容を調べることができる。このデータベースを利用して，保育所の入所不承諾に関する裁決例を調べよう。

http ://fufukudb.search.soumu.go.jp/koukai/Main

12 | 行政救済２―取消訴訟

《学習のポイント》　取消訴訟の基本的仕組みを理解した上で，訴訟要件（処分性・原告適格等）の意義と具体例について学ぶ。
《キーワード》　処分性，原告適格，狭義の訴えの利益

（岡山）競合バスの認可取り消し，訴え却下　東京地裁

（朝日新聞デジタル版　2019年 8 月31日）

　自社の路線バスの基幹路線へ別会社が格安運賃で参入するのを認めたのは違法として，国に認可取り消しを求めた A 社の訴えを却下した30日の東京地裁判決。認可の是非は判断されず，A 社は「地方の公共交通の窮状が認識されず遺憾」とのコメントを出した。……

　問題の発端は，中国運輸局が昨年 2 月，B 社が申請した市中心部と西大寺地区を結ぶ路線への格安運賃での参入計画を認可したこと。自社の基幹路線と競合することになった A 社の S 代表は「法制度を改めない限り，どこの地方でも同様の問題が起きる」「規制緩和の弊害で公正な競争ができなくなっている」と会見し，赤字31路線の廃止届を出した。

　約 1 カ月後，利用者への影響を考慮したとして［廃止届を］撤回したが，国を相手に認可の取り消しを求め提訴。……A 社は裁判で

「関係地権者にバス停設置の了解を得ていないなど重大な瑕疵（か
し）がある」などと主張。Ｓ代表は５月，「このままでは全国で黒
字路線の取り合いを招き，地方の生活路線は半減する恐れがある」
と意見陳述した。
　判決によると裁判の争点は，①Ａ社に原告適格（訴えを起こす資
格）があるか②国の認可に違法性があるか──の２点。判決は①に
ついて，道路運送法など関連法令の趣旨が「同社の営業上の利益を
保護しているとまでは言えない」として原告適格を欠くと指摘し，
②は判断しなかった。……　　　　　　　　（[　　]は筆者加筆）

1.　はじめに

　本章では，取消訴訟の基本的な仕組みを学ぶが，特に「訴訟要件」に
ついて詳しく説明する。訴訟要件のうち，出訴期間と不服申立前置につ
いては既に説明したが（→第９章・第11章），他にも，被告適格や原告
適格，処分性，狭義の訴えの利益，管轄裁判所がある。
　これらのうち，判例上しばしば問題となるのは原告適格と処分性，狭
義の訴えの利益であるので，以下では，記事を参考にして原告適格につ
いて学んだ上で，残りの二つについて簡単に触れることにしよう。
　さて，今回の記事はかなり難解かもしれない。道路運送法に基づく事
業計画の変更認可（15条）の仕組みと，いわゆる「第三者による取消訴
訟」と原告適格の論点が複雑に絡み合っているからである。以下，一つ
ずつ見ていこう。

2. 道路運送法の仕組み

　路線バスや貸切りバス，タクシーといった旅客運送事業については，利用者の利便や安全性を確保するために，道路運送法により様々なルールが定められている。その中でも，いわゆる「路線バス」とは路線と時刻表を決めて運行される乗合いバスのことであり，法律上は「一般乗合旅客自動車運送事業」と呼ばれている。

　幾つか特徴を挙げると，道路運送法も許可制を採用しているので（→第2章），旅客運送事業を開始する際には事前に行政庁（国土交通大臣）の許可を受けなければならない（5条）。また，許可基準も定められているが（6条），かなり抽象的であるので，行政規則の形式でより詳しい基準が定められている[107]。この点は航空法の仕組みとよく似ている（→第7章）。

　また，許可を受けた後でも，事業計画の変更（路線の増設や営業区域の変更，運行回数の変更等）をする際には，やはり国土交通大臣の認可を受ける必要がある（15条）。この場合にも上記の許可基準が適用されるので，行政庁は事業の適切さ等を審査して認可の可否を決定する。

　このような仕組みはこれまで何度も登場したので，理解するのはそう難しくないだろう。ただ，道路運送法に固有の事情，すなわち法律の目的と許可基準の具体的内容も押さえておく必要がある。

　そこで許可基準や処理方針の内容を見てみると，基本的には，運送の安全性や利用者の利便のための基準が並んでいることが分かる。例えば，十分な車両数や有資格の運転者の確保，自動車車庫・休憩施設の整備，資金計画に問題がないこと，法令遵守の体制が整っていること等であり，いずれも路線バスの安全で継続的な運行に不可欠であると言える。

107　具体的な許可基準については，国土交通省自動車交通局長の発出した「一般乗合旅客自動車運送事業の申請に対する処理方針」という行政規則で定められている。

　さて，記事では「（B社の）参入計画を認可した……」とあるが，これは，B社の申請した事業計画の変更申請について，行政庁（中国運輸局長）が認可を与えたことを意味する。B社は，市中心部と西大寺地区に新たな路線を開設することを計画したが，そのためには事業計画の変更認可が必要となるので，申請をして認可を受けたのである[108]。

　その際に大きな問題となったのは，B社が「格安運賃」，すなわち，競合するA社と比べて3～4割ほど安い運賃を設定したことである。利用者から見れば，複数の事業者が競争してより安価で質の高いサービスが提供されるのは好ましいことである。逆に，A社のような既存事業者にとっては，競争が激しくなると利益率が悪化するので，事業継続が困難になるといった問題が起きる。そこでS代表は激しく抗議して訴えに及んだのである。

　ただ，A社は単に自己の利益のためだけに訴訟を提起したわけではない。そこには，日本の公共交通をめぐる根深い問題が潜んでいることに注意しなければならない。

　実は，路線バスのネットワークを維持する際には，不採算路線をどうするのか，という問題がつきまとう。図12のように，人口が密集する中

図12　黒字路線と不採算路線の関係

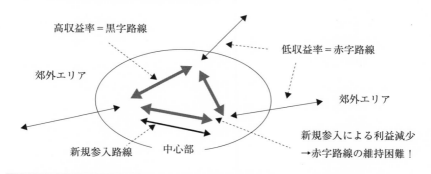

108　本来，変更認可の処分庁は国土交通大臣であるが，法令の規定により，その権限が下級行政機関である中国運輸局長に委任されている。このように，処分庁が法令により変更される場合もあることに注意しよう。

心部では，路線バスの収益率が高いので黒字を維持できる。しかし，郊外エリアを走る路線では，利用客が少ないためにどうしても赤字となってしまう（これを「不採算路線」という）。

　一つの極端な解決策としては，不採算路線を廃止して黒字路線のみを維持することが考えられる。しかし，郊外の住民の交通手段がなくなり，生活に重大な支障をきたしてしまう。そこで，バス事業者には黒字路線と赤字路線をセットで運行することを求めて，黒字路線で得た収益で赤字路線を維持させる，という方法がとられている。このように，生活に必要なサービスを全体に平等に提供することを「ユニバーサル・サービス」と呼んでいる。

　しかし，B社のように，別の事業者が収益率の高いエリアにだけバス路線を開設すると，この仕組みが崩れてしまう。そのため，このような「いいとこどり」を許してはならないと主張されるのである[109]。

　国土交通省も，このような事態を回避するために，「クリームスキミング的運行」については許認可を与えない，という処理方針を定めている。これは，朝晩等の利用者の多い時間帯にのみ運行して，それ以外の時間帯（オフ・ピーク時）には運行しないか，運行本数を著しく減らすことを意味する。これでは，通勤・通学客以外の利用者の利便を損なう上に，オフ・ピーク時に運行している他の事業者が不利となるために，許認可が認められないのである。

　もっとも，記事に出てくるB社はこのようなクリームスキミング運行を行っていたわけではないので，処理方針に直ちに違反するとは言えない。しかし，収益率の高い路線に格安運賃で参入したことは，ユニバーサル・サービスの維持という道路運送法の趣旨に反する疑いがある。

　実際，道路運送法30条は「一般旅客自動車運送事業者は，一般旅客自

109　記事にあるように，B社の路線開設に対抗してA社は不採算路線の廃止を宣言したが，これもユニバーサル・サービスの必要性を強調するための策であったと考えられる。かなり荒っぽい手段に思えるが，事態の深刻さを理解してもらうためにはやむを得なかったのだろう。

動車運送事業の健全な発達を阻害する結果を生ずるような競争をしては
ならない」と定めており，競争の公正さを要求している。上述した「い
いとこどり」の路線開設はこの「健全な発達」に反すると考えることも
できるだろう。

　しかし，これまで取り上げてきた様々な問題と同様に，この問題にも
唯一の正解は存在しない。ユニバーサル・サービスの維持といっても，
結局は中心部の住民が大きな負担を払って郊外の住民を支えているので
あるから，このような負担の不平等は許されないとも言える。郊外の公
共交通網を維持する必要性は認めるとしても，税金を原資として補助金
等で支援するという選択肢もあるだろう。

　B社に認可が与えられた経緯は定かではないが，不認可にすればB社
から訴えられるし，認可すればA社から訴えられるというように，国土
交通省も両者の板挟みにあったと推測される。いずれにしても，認可の
可否は法律問題であるから，最終的には司法権の判断で決着がつくこと
になる。では，裁判所はどのような判断を下したのだろうか。

3. 第三者による取消訴訟と原告適格

　新規参入の違法性を訴えるために，A社は事業計画の変更認可の取消
訴訟を提起したが，通常の取消訴訟と比べて問題状況がかなり異なるこ
とに注意する必要がある。

　すなわち，第9章で見たように，行政処分の名宛人（処分によって不
利益を受ける者）が取消訴訟を提起するのが通常のパターンである。他
方で，この事例では，変更認可の名宛人（B社）ではなく，処分によっ
て間接的に不利益を受ける利害関係者（A社）が取消訴訟を提起してい
る。このような取消訴訟を「第三者による取消訴訟」と呼んでいる。

　この例に限らず，行政処分は多数の利害関係人に影響を及ぼすので，

αにとって利益をもたらすが，βにとっては不利益となる，というものは極めて多い（第8章で学んだ産業廃棄物処理施設の設置許可等もその一例に当たる）。そのため，時として第三者による取消訴訟が提起されるのである。

通常のパターンから外れるものの，現実に利害関係者が不利益を受けている以上，訴訟提起を認めて構わないと多くの読者は思うかもしれない。しかし，行訴法では，第三者による取消訴訟を無制約に認めているわけではない。ここで問題となるのが「原告適格」の要件である。

原告適格とは訴訟要件の一つであり，この要件が満たされない場合には訴えは不適法なものとして却下される。ここで注意が必要なのは，訴えの適法性と行政処分の適法性は全く異なることである。

訴えが不適法であると裁判所が判断した場合，行政処分の違法性は一切審理されず，訴訟は打ち切られる。これを「却下判決」と呼んでいる。原告から見れば，訴訟提起が全くの無駄に終わってしまうので，裁判所の責任放棄にも見えるかもしれない（審理の入り口で救済の途が閉ざされるという意味で，「門前払い判決」と批判されることもある）。

もっとも，裁判所と行政庁には，安易な訴訟提起を抑止しなければならない事情がある。実際，弁護士を雇ったり，証拠を集めたり，主張を検討したりする負担（以下「応訴の負担」という）が行政庁や名宛人にかかってくるが，これらは決して軽いものではない。また，審理を担当する裁判所にも重い負担がかかってくる。

そうすると，訴訟提起を認めるデメリット（応訴の負担の増大等）とメリット（第三者の利益の救済）を比較する必要が出てくる。そして，メリットがある程度上回るのでなければ，訴訟の提起を認めるべきではないとの結論に至る。

結局，訴訟要件とは真に司法審査が必要な訴えのみを選別するための

基準であり，原告適格の要件も，原告が受けた不利益が取消訴訟による救済に値するか否か，を測るものであると言える。以下では，この基本的な趣旨を踏まえて原告適格についてより詳しく見ていこう。

4．原告適格の判断枠組み

　記事に戻ると，「②（国の認可に違法性があるか）は判断しなかった」とあるように，裁判所はA社の原告適格を認めずに訴えを却下したので，認可処分の違法性は審理されなかったことが分かる。

　しかし，A社の受ける不利益は決して小さいものではないので，裁判所が原告適格を否定したことに疑問を覚える読者も多いかもしれない。実際，これから述べるように，原告適格の判断に際しては様々な要素が総合的に考慮されるため，裁判所によって判断が分かれることが少なくない。第一審や控訴審では原告適格が否定されたが，最高裁では肯定されるといったように，上級審で判断が覆されることもあるのである。

　では，原告適格の有無はどのように判断されるのだろうか。原告適格をめぐっては，従来から判例法が形成されてきたが，現在では，それを受けて行訴法9条2項で判断枠組みが明文化されている。

　大前提として，原告適格は「法律上の利益を有する者」にのみ認められる（9条1項）。すなわち，行政処分によって不利益を受けたとしても，それが事実上のものにとどまり，法律で保護されているとは言えない場合には，原告適格は認められないのである。

　しかし，「法律上の利益」という基準も抽象的すぎて，具体的にどのような利益がこれに該当するのか，皆目見当がつかない。そこで，9条2項では「法律上の利益」の判断枠組みがより詳しく示されているが，一読しただけではその意味を掴むのは難しいだろう。

　要点のみを説明すると，まず①処分の根拠法令の「趣旨及び目的」が

考慮される。ここでは，法律や政省令・条例が原告の利益をどれだけ強く保護しているか，という点がポイントとなる。例えば，目的規定が原告の利益に言及している場合や，許可基準が原告の利益と関連付けられている場合，行政手続への参加が原告に認められている場合には，原告適格が認められやすいと言える。

　次に，②法令の趣旨及び目的については，「目的を共通にする関係法令」があれば，その規定も考慮される。これは，処分の根拠法令が必ずしも原告の利益を保護していなくても，関連する法令が保護している場合があり，その場合には，法体系全体で見ると原告適格を認める必要が出てくるからである。

　三つ目として，③行政処分によって侵害される利益の「内容及び性質」とその「害される態様及び程度」が考慮される。行政処分によって重要な利益が強く侵害される場合には，司法権による権利救済の必要性が高まることから，当然，原告適格は認められやすい。

　例えば，生命に危険が及んだり，健康に重大な影響が生じたりするおそれがある場合には，原告適格はほぼ確実に認められている。他方で，財産的利益や営業の自由については，生命や健康に比べるとその重要性は低いことから，原告適格が認められる可能性は低くなる。また，何らかの利益が侵害されるとしても，それが「処分において考慮されるべき利益」に当たらない場合には，やはり原告適格は認められない。

　以上のように，原告適格はこれら三つの要素を総合的に考慮して判定されるが，なぜこの事例で裁判所は原告適格を認めなかったのだろうか。記事から読み取ることはできないので，以下，判決の原文（東京地判令和元年8月30日）を基に簡単に説明しよう。

　まず，①道路運送法は変更認可の基準として「輸送の安全」や「事業の適切性」等を挙げているが（4条1項・15条），これらの規定から，

競合する既存事業者（A社）の利益を保護する趣旨を読み取ることはできないとされる。また，2000年（平成12年）改正前の規定では，「公正な競争」等が目的として掲げられていたが，現在ではこれらが削除されたことも指摘されている（1条）。

　次に，②関連法令である「交通政策基本法」や「地域公共交通の活性化及び再生に関する法律」でも，既存事業者の利益を保護するような規定は見当たらないとしている。

　さらに，③A社が受ける不利益についても，新規参入による減収は市場競争から不可避的に生じるものであり，現在の道路運送法は市場競争を許容していることから，このような不利益は認可処分において考慮されるべき利益に含まれないとしている。

　かなり難解な判例であるが，判断の決め手となったのは，現在の道路運送法が既存事業者の保護よりも自由競争の活性化を重視していることにあると推測される。過去においては，既存事業者の地位は法律上強く保護されていたが，現在では，保護されるべき対象から外されている以上，裁判による救済に値しない。裁判所は道路運送法の趣旨をこのように解釈してA社の原告適格を否定したのだろう。

　この門前払い判決にS代表はさぞかし落胆したと思われる。地域に根差して公共交通網の一翼を担ってきたA社にとって，法律の改正によって法律上の利益が剥奪され，訴える機会すら許されない，というのはあまりに冷たい仕打ちではないだろうか[110]。

5.　処分性（取消訴訟の対象）

　「処分性」とは取消訴訟の対象に関する訴訟要件であり，これも判例で争点となることが多い。行訴法3条2項によれば，「行政庁の処分そ

110　もっとも，一般廃棄物の収集運搬業の許可や公衆浴場業の許可については，競業者の原告適格が認められているので，事業計画の変更認可についても，競業者であるA社の原告適格を認めることは十分可能であったと考えられる。上級審でどのような判断が下されるのか，興味深いところである。

の他公権力の行使に当たる行為」（以下「行政処分」という）が取消訴
訟の対象とされており，行政庁の決定の中でも，行政処分に当たらない
ものについては取消しを求めることはできない。これを「処分性要件」
と呼ぶのである。

　飲食店の営業停止命令や生活保護の開始決定，土地収用の事業認定等
は典型的な行政処分に当たるので，処分性が問題となることはない。他
方で，人々の権利義務に直接的な影響をもたらすのか否か，微妙な決定
も少なくない。

　例えば，第2章で見た「食品，添加物等の規格基準」の改正について
考えてみよう。この告示を改正するという厚生労働大臣の決定は，豚肉
の生食を禁じるという意味で飲食業者の権利義務に影響を与えている。
そこで，この規制に反対する飲食業者が決定の取消訴訟を提起したとす
ると，処分性は認められるのだろうか。

　結論から述べると，現在の判例では，告示の制定・改正には処分性は
認められないとされている。取消訴訟の対象となる決定は，「公権力の
主体たる国または公共団体が行う行為のうち，その行為によって，直接
国民の権利義務を形成しまたはその範囲を確定することが法律上認めら
れているもの」（最判昭和39年10月29日）に限定され，告示の制定等は
一般的・抽象的にしか権利義務に影響を与えない，というのがその理由
である（→第9章）。そのため，営業停止命令や許可取消しがされるま
では，取消訴訟を提起できないことになる。

　より詳しく見ると，判例では処分性の判断基準として以下の三つが挙
げられている。①法令に基づき権利義務を左右する法効果を一方的に発
生させること，②その法効果が一般的・抽象的なものでなく，個別的・
具体的なものであること，③特に早期に権利救済を図る必要性があるこ
とである。

　近年の判例では，処分性が比較的寛大に認められているが，やはり安易にこれを認めることができない事情がある。すなわち，権利侵害が抽象的なものにとどまる場合には，審理対象が曖昧になるし，そもそも救済の必要性が乏しいから，訴訟の提起を認める必要に乏しい（「紛争の成熟性の欠如」という）。そこで，権利侵害がより具体的で深刻なものになることが求められているのである[111]。

6.　狭義の訴えの利益

　取消訴訟とは行政処分の法的効果を消し去ることを目的とするので，時間の経過や条件の成就等で法的効果が消えてしまうと，取消訴訟を続ける必要もなくなり，訴えは却下される。これが「狭義の訴えの利益」の問題である。

　分かりやすい例としては，営業停止処分のように，一定の期間に限って効力を有する行政処分が挙げられる。例えば，期間3か月の停止処分に対して取消訴訟を提起し，訴訟係属中に停止期間が満了した場合，取消訴訟の結果にかかわりなく営業を再開できることから，訴えは却下される。

　もっとも，行政処分の直接の法的効果が消えた後にも，何らかの付随的な効果が残ることがある。それが「回復すべき法律上の利益」に当たる場合には，狭義の訴えの利益が認められる（行訴法9条かっこ書き）。例えば，公務員に対する停職処分については，停職期間が過ぎた後にも，被処分者は未払いの報酬を受け取る利益を有することから，取消訴訟を続けることができるのである。

　また，一定期間内に違反を繰り返した事業者により厳しい処分を下すという定め（以下「過重規定」という）が置かれる場合にも，この付随的効果が問題となる。すなわち，処分の直接の効果がなくなったとして

111　判例では，特に多段階的な行政決定について処分性が問題となることが多い。早期の権利救済の必要から，中間段階の決定にも処分性を認めることが主張されるからである。興味深い論点が多数あるが，ここでは説明を省略する。

も，過重規定が適用される期間は，被処分者は「（違反を繰り返すと）より厳しい行政処分を受ける」という地位に立たされ続ける。現在の判例では，このような付随的効果を排除するために取消訴訟を提起することも認められている[112]。

7. 執行停止（仮の救済）

先に触れたように（→第9章），裁判を提起して判決が下されるまで早くても数か月，場合によっては数年かかることもある。そのため，裁判が係属している間の暫定的な救済をどのように認めるか，という問題が生じる。

この点，行訴法は仮処分の適用を排除しており，別に「執行停止」という制度を設けている（→第9章）。逆に言うと，取消訴訟を提起しただけでは，行政処分の効力が停止するわけではない（「執行不停止原則」と呼ぶ）。

飲食店の営業許可の取消処分を例にすると，事業者は取消訴訟を提起した上で，併せて処分の執行停止（25条）を申し立てる必要がある。裁判所はできるだけ迅速に審査を実施して，その可否を判断する。執行停止が認められると，取消処分の効力は判決まで停止するので，引き続き営業を継続できるが，認められない場合には，判決が下されて請求が認容されない限りは，営業を再開できないことになる。

権利救済の観点からは，仮の救済を認める方が望ましいことは言うまでもないが，公益を十全に確保するという理由から，執行停止の要件は比較的厳格なものとなっている。すなわち，①処分の執行等により生ずる重大な損害を避けるために緊急の必要があること，②公共の福祉に重大な影響を及ぼすおそれがないこと，③本案について理由があると見え

112　もっとも，名誉や信用等が侵害されたとしても，行訴法9条かっこ書きにいう「回復すべき法律上の利益」には当たらないので，名誉回復等を求めるために取消訴訟を提起することは許されないと解されている。むしろ，国家賠償によって救済を求めることになる。

ること（請求が認容される可能性がある程度認められること），の三つが揃わなければならない。そのため原告としては，相応の主張・立証を用意することが不可欠となってくるのである[113]。

8.　判決の効力

　最後に，取消判決の効力について簡単に説明しよう。取消訴訟とは行政処分の取消しを目的とする訴訟であるので，行政処分の違法性が認められて請求が認容されると，処分の効力は消滅する（「形成力」という）。また，この取消判決の効果は両当事者だけでなく「第三者」（処分の利害関係者）にも及ぶが（32条），ここでいう「第三者」の範囲は必ずしも明確ではない[114]。

　次に，申請に対する処分に関しては，行政庁は判決の趣旨に即して再度決定することが求められる（「拘束力」という）。また，不利益処分については，行政庁は判決の趣旨に反するような決定をすることが許されなくなる（「既判力」という）。

　問題を難しくしているのは，ここでいう「判決の趣旨」に様々なものがあることである。例えば，申請に対する処分が手続的瑕疵を理由として取り消された場合（→第8章），行政庁は適正な手続を遵守した上で，処分をやり直すことが求められる。仮に再び申請が拒否される結果となっても，適正な手続さえとられていれば拘束力に反するものではない。

113　なお，執行停止を認める際の証明の程度は「疎明」で足りるとされている（25条5項）。これは，確実な証明に至らなくとも，一応の確からしさが認められた場合には，申立を認容することを意味する。また，執行停止は処分の効力を暫定的に停止されるだけであり，処分の再考慮を行政に義務付けるものではない。そのため，許認可等の「申請に対する処分」については執行停止を求めることはできず，代わりに，「仮の義務付け」（37条の5第1項）を用いることになる。
114　土地収用法の事業認定（→第4章・第9章）のように，多数の地権者の権利義務を左右する行政処分が取り消された場合，その効果が原告のみに及ぶのか（「相対的効力説」という），それとも，地権者全員に及ぶのか（「絶対的効力説」という）という問題がある。法関係を画一的に規律するために，絶対的効力説に立ち，取消判決の効果は利害を共通する者にも及ぶと考えるべきだろう。

　他方で，不利益処分が実体的瑕疵を理由として取り消された場合，行政庁は再び処分をするか，それとも処分を諦めるか，判決の趣旨に即して決めることが求められる。例えば，比例原則違反（→第5章）であれば，行政庁はより緩やかな不利益処分をすることはできる。逆に言えば，事情が変わらない限りは，別の根拠を持ち出したとしても再び同じ行政処分をすることは許されないと解されている。

9. 終わりに

　本章では，取消訴訟の基本構造と訴訟要件について学んだが，ここでも，紙幅の都合上説明を省略したところが多い。執行停止に始まり，訴訟要件の審理から行政処分の審理，そして判決に至るまでの過程を正確に理解しよう。

学習課題

1．処分性の論点は，多段階的な行政決定において特に問題となるが，土地区画整理事業の事業決定の処分性が認められた重要判例として，最判平成20年9月10日がある。下記の裁判所HPに掲載されている判決文を読んで，その内容をまとめよう。
　https://www.courts.go.jp/app/hanrei_jp/detail2?id=36787
2．公務員に対する懲戒免職処分について，被処分者が取消訴訟を提起したところ，審理の結果，裁判所がその違法性を認めて処分を取り消したとする。この場合に，行政庁（処分権者）は再び懲戒処分をすることが許されるだろうか。「判決の趣旨」について場合分けした上で検討しよう。

13 | 行政救済3 ―行政訴訟（その他の訴訟）

《学習のポイント》 取消訴訟以外にも，抗告訴訟には差止訴訟や義務付け訴訟，無効等確認訴訟等があるし，公法上の当事者訴訟もある。本章では，これらの訴訟形式の特徴について学ぶ。

《キーワード》 義務付けの訴え，差止めの訴え，無効等確認訴訟，不作為の違法確認訴訟

格安タクシー：「ワンコイン」認める　運賃変更命令は違法

大阪地裁判決

（毎日新聞　2015年11月21日　大阪朝刊29頁　社会面）

　行き過ぎた低額競争を防ぐために国が定めたタクシーの「公定幅運賃」について，それより安い初乗り料金で営業するタクシー会社Ａ社が，国を相手に運賃の変更命令などをしないよう求めた訴訟の判決が20日，大阪地裁であった。西田隆裕裁判長は，格安タクシー側の事情を考慮せずに近畿運輸局が公定幅運賃を決めたことは裁量権の乱用に当たると判断。変更命令を出すことは違法だとして，会社側の請求を認めた。

　同様の訴訟は青森や福岡など全国で６件起こされているが，判決は初めて。

　公定幅運賃は，昨年４月から特定の地域で義務付けられた。大阪

市内は中型の初乗り（2キロまで）が660〜680円になった。

　判決で西田裁判長は，義務付けられる前は国が運用上の運賃幅を設定し，これを下回っても，事業者を個別に審査して営業を許可してきたことを重視。A社も2004年から初乗り500円（現在は510円）での営業が許されてきた経緯があることから，「（公定幅を下回ったとしても）直ちに低額運賃競争を引き起こしたり，運転手の労働条件の悪化やサービスの低下が生じたりするとは言えない」との判断を示した。

　また，西田裁判長は公定幅運賃の下限について「格安タクシー事業者の経営実態を考慮した上で，決めるべきだ」と指摘。それを考慮しない設定は「合理性を欠く」と述べた。……

1．はじめに

　本章では取消訴訟以外の抗告訴訟や当事者訴訟について学ぶが，特に「差止訴訟」について記事を参考にして詳しく掘り下げよう。

　先に述べたように（→第11章），抗告訴訟には様々な種類があるが，ここでは差止訴訟が登場する。正確に定義すると，「行政庁が一定の処分又は裁決をすべきでないにかかわらずこれがされようとしている場合において，行政庁がその処分又は裁決をしてはならない旨を命ずることを求める訴訟」である（行訴法3条7項）。

　この定義自体はそれほど難しくないだろう。要するに，取消訴訟が行政処分がされた後にその取消しを求めるものであるのに対して，差止訴訟は行政処分がされる前にその差止めを求めるものである。行訴法の下では，行政処分がされることが確実に予想され，かつ処分がされると直

ちに重大な不利益が生じる場合には，事前に差止訴訟を提起することが認められている。裁判所は，行政処分をすることが許されるか否かを審査して，もし処分をしてはならない事情が認められる場合には，請求を認容して差止めを命じる。不利益が現実化する前の救済ということで「予防訴訟」と呼ぶこともできる。

　この記事では「運賃の変更命令などをしないよう求めた訴訟」と説明されているが，これが差止訴訟である。タクシー事業者であるＡ社が運賃変更命令の差止訴訟を提起したところ，裁判所はその請求を認容して命令を差し止めたのである。また，事業許可の取消しについても同様である。この差止判決の拘束力により，Ａ社が格安運賃による営業を続けたとしても，行政庁（近畿運輸局長）は運賃変更命令等をすることができなくなったのである。

　この点はそう難しくないと思われるが，そもそも運賃変更命令とはどのような行政処分なのだろうか。「格安タクシー」が問題となっているので，第12章と同様に，タクシーの世界でも過当競争が起きていて，それを防ぐための仕組みが運賃変更命令であることは想像がつくだろう。

　ただ，第12章で触れたように，本来，路線バス事業もタクシー事業も道路運送法によって規律されているが，この事例では「改正タクシー適正化・活性化特別措置法」（正式名称は「特定地域及び準特定地域における一般乗用旅客自動車運送事業の適正化及び活性化に関する特別措置法」であり，以下単に「特措法」という）が適用されている。この道路運送法と特措法の関係性も複雑であるので，２で説明しよう。

2．タクシー適正化・活性化特措法の仕組み

　まずは道路運送法の概要を復習しておくと，2000年（平成12年）改正前は新規参入を厳しく制限していたのに対して，いわゆる「規制緩和」

の流れを受けて，改正後はより自由競争を促進する制度に変わった。路線バスの競業者の原告適格が認められなかったのも，この方針転換に由来していると考えられる。

　この規制緩和政策の結果，タクシー事業でも新規参入が続いてタクシー台数が飛躍的に増加したが，折からの景気悪化もあって，１台当たりの収入が減り，運転手の労働環境が悪化するという事態が生じた。

　そこで，国会の主導の下，再度方針を転換して競争を制限することが試みられた。幾つかの段階を経て，最終的には改正特措法が2014年（平成26年）から施行されて，「公定幅運賃」制度をはじめとするかなり強力な規制が復活したのである。そのポイントをまとめると以下の通りとなる。

　まず，①特定の地域において過当競争が生じ，タクシー事業者の「健全な経営」を維持できなくなったといった事情がある場合には，国土交通大臣は当該地域を「特定地域」として指定できる。また，上述のようなおそれがある場合には，「準特定地域」として指定できる。

　次に，②特定地域では新規参入・増車（供給輸送力の増加）が全面的に禁止される（14条の２以下）。また，準特定地域では，新規参入・増車は禁止されないものの，「供給過剰」が起きない場合にのみ例外的に認められる（14条の４以下）。

　三つ目として，③特定地域・準特定地域共に，運賃を「公定幅運賃」内に定めることが義務付けられている。道路運送法の原則によれば，運賃の値下げは，それが著しいものでない限りは事業者の自由に任されている（９条の３第４項）。しかし特措法では，国土交通大臣が運賃の上限と下限を設定して，この幅以外の運賃設定を認めないことにしている（16条）。すなわち，違反した事業者は運賃変更命令の対象となり（16条の４第３項），それでも改善が見られない場合には，経営者に行政刑罰

を科したり，営業停止処分や許可の取消しを命じたりすることができるのである（17条の3・20条の3第4項）。

　さて，当時，関西地方の経済情勢は極めて悪く，需要が低迷する中でタクシーの増車が続いたので，事業者の健全な経営が脅かされる事態となっていた。そこで国土交通大臣は大阪市域交通圏を「準特定地域」に指定した。また，公定幅運賃については，国土交通大臣の委任を受けた近畿運輸局長が地域の実情に合わせて検討を行い，中型タクシーについて「初乗り660～680円（2.0kmまで）」といった上下限を定めたところ，A社は敢えて「初乗り500円」の運賃を続けたことから，A社と国土交通省の間で争いが起きたのである。

　国土交通省としては，運賃値下げが行き過ぎたものになれば，過当競争が起きるおそれが十分認められることから，かなり厳格な公定幅運賃を設定したと推測される。別の言い方をすれば，少ない需要を事業者間で平等に分け合うことが理想とされたのである。他方で，A社としては，運賃値下げによって需要を開拓して利益を上げることは公正な自由競争に当たるとして，断固として値上げに応じなかった。

　そうすると，事が特措法や基本的人権（営業の自由）の解釈に関わる以上，法廷の場で決着がつけられることになる。しかし，問題となるのは，A社が先手を打って法廷闘争に持ち込むことができるか，という点である。

　実際，運賃変更命令が出るのを待ってから取消訴訟を提起するという手段もある。しかし，第12章でも触れたように，訴訟の結果が出るまで数年かかることもあるので，その間に営業停止処分や事業許可の取消しがされる可能性が高い。もちろん，運賃変更命令の執行停止が認められればそのような事態は回避できるが，執行停止の要件が比較的厳格であることも先に見た通りである。

　そこで差止訴訟を活用することが考えられる。また，７で見るように，あわせて仮の救済手段として「仮の差止め」（行訴法37条の５）を申し立てることもできる。この申立が認容されると，差止訴訟の結論が出るまで近畿運輸局長は処分をすることが暫定的に許されなくなる。これらの手段を活用することで，原告はほぼ完璧な救済を受けることが可能となる[115]。

　おそらく，極めて有能な弁護士がＡ社にはついていたのだろう。先手を打って差止訴訟を活用して国土交通省の動きを封じることで，Ａ社は行政処分を恐れることなく安定的に事業を続けることができたのである。

　では，なぜ裁判所は運賃変更命令の差止めを認めたのだろうか。記事でも説明されているが，判決の原文（大阪地判平成27年11月20日）に当たると，その根拠は以下のように整理できるだろう。

① 　公定幅運賃の設定には行政庁（国土交通大臣）の裁量が認められるが，「判断の過程において考慮すべき事項を考慮しないこと」等によりその判断に合理性が欠ける場合には，裁量権の逸脱・濫用が認められて違法と評価される。

② 　公定幅を下回る運賃を認めると値下げ競争や安全性の低下を招くと国土交通省側は主張するが，Ａ社は改正特措法の施行前から初乗り500円の運賃で営業しており，その当時には値下げ競争等は起きていなかった。そのため，当該運賃での営業をＡ社に継続させても，直ちに値下げ競争が起きて運転者の労働条件の悪化等が起こるとは言えない。

③ 　公定幅運賃を設定する際には，Ａ社のように格安運賃で営業している事業者がいる場合には，当該事業者の運賃や経営実態等も考慮してその下限額を定めなければならず，本件ではこれらの事情を考慮して

115　実際，Ａ社が仮の差止めを申し立てたところ，裁判所は，運賃変更命令が違法となる可能性が高いとして，仮の差止めの申立を認容していた。

いない。また，「利用者の利益を向上させる」という特措法の目的に
照らすと，格安運賃を合理的な理由なく一律に禁ずることは許されな
い。

④　そうすると，行政庁の判断の過程には「考慮すべき事項を考慮して
いない」という誤り（考慮不尽）が認められることから，裁量権の逸
脱・濫用が認められ，公定幅運賃の設定は違法になり，それを前提と
する運賃変更命令も違法になる。

　以上のように，行政庁の裁量権を認めつつも，判断過程審査という厳
格な裁量統制を実施して違法性を導き出したのが本判決の特徴であると
考えられる（→第10章）。確かに，公定幅運賃はかなり画一的な規制で
あり，それぞれの事業者の企業努力等を踏まえて個別的に適正な運賃を
判断するといった仕組みをとっていない。おそらく，裁判所にはこの点
が過剰な規制と映ったのだろう。

　正直に言えば，私見としては，この判決に賛同できるか否か，まだ考
えあぐねているところである。そもそも，改正特措法が成立した経緯
は，タクシー事業者の危機的な経営状況を救うことで運転手の労働環境
を改善することにあったと考えられる。そうすると，格安運賃での営業
の継続を認めることは，運転手の収入の増加に繋がらないし，ひいては
悪影響となりかねない。このように考えていくと，公定幅運賃の設定に
も合理性が認められるように思えてくるが，最終的な評価は読者に委ね
ることにしよう。

3.　差止訴訟の訴訟要件

　さて，取消訴訟と同様に差止訴訟にも訴訟要件がある。訴訟の性質
上，出訴期間や不服申立前置は問題とならないが，原告適格や処分性，
被告適格の要件が満たされなければならない。さらに，差止訴訟独自の

訴訟要件も定められている（行訴法37条の4第1項）。

　具体的には，①「重大な損害を生ずるおそれ」が必要となる（「重損要件」という）。また，②「他に適当な方法があるとき」には，差止訴訟の提起は許されない（「補充性要件」という）。さらに，条文には明示されていないが，③行政処分がされる「蓋然性」がある場合にのみ訴えの提起が許される。

　取消訴訟では「重大な損害」や「補充性」は要求されないので，差止訴訟の訴訟要件はより厳格であると言える。これも，差止訴訟の濫用を防ぎ，行政庁や利害関係者の応訴の負担を軽減するためであると考えられる。

　もっとも，事柄の重大さを踏まえると，この事例では訴えの適法性が当然に認められてしかるべきだろう。実際，裁判所も訴えの適法性を認めたが，その根拠として概ね以下の点を挙げている。

　①運賃変更命令に引き続いて営業停止命令等が出されると，A社の事業基盤に深刻な影響が及ぶことから，重大な損害を生ずるおそれがあると言えるし，②運賃変更命令が出るのを待ってから取消訴訟を提起する方法もあるが，執行停止が認められない可能性もあることから，有効な権利救済手段とはいえない。また，③近畿運輸局長がA社に対して厳しく指導することを記者会見で発表している等の理由から，処分がされる蓋然性も認められる。

　この裁判所の判断は正当なものであると評価できるだろう。差止訴訟の訴訟要件を厳格に解すると，人々にとって権利救済の途が閉ざされてしまい，行政処分に怯えながら過ごす日々が続いてしまう。行政庁の強力な公権力に対抗する手段として，差止訴訟の活用が期待されるところである。

4.　義務付けの訴え

　義務付けの訴えとは，行政庁が一定の処分をすべき旨を命ずることを求める訴訟である（行訴法3条6項）。義務付け訴訟が提起されると，裁判所はその内容を審査して，行政処分をすべき事情が揃っているのであれば，行政庁に対して「行政処分をすること」という命令を発する（請求認容判決）。命令を受けた行政庁は，判決の趣旨に従い当該処分をしなければならなくなる（判決の拘束力）[116]。

　要するに，行政庁が行政処分をすべき状況にあるにもかかわらず，それを怠っている場合には，利害関係者が原告となってその是正を裁判所に求めることができる。これが義務付け訴訟の基本的な考え方である。

　もう一つ注意しなければならないのは，義務付けの訴えには，不利益処分の義務付けを求めるもの（37条の2）と，許可処分などの「申請に対する処分」の義務付けを求めるもの（37条の3）の二つがあることである。前者を「直接型義務付け訴訟」または「非申請型義務付け訴訟」と呼ぶのに対して，後者は「申請型義務付け訴訟」と呼ばれる。以下，それぞれについて簡単に見ていこう。

（1）直接型（非申請型）義務付け訴訟

　直接型義務付け訴訟のポイントは，行政庁に対して不利益処分の発動を求めることになる。第8章で学んだ産業廃棄物処分業等の許可取消処分を例にして考えてみよう（図13）。

　この事例で，仮に行政庁（沖縄県知事）が許可の取消しを怠っていて，その結果として不法投棄による損害（有害物質の飛散，悪臭の発生，地下水の汚染）が付近住民に生じていたとする。知事の不作為（許

116　回りくどい説明になってしまったが，注意しないといけないのは，裁判所は行政処分をする権限を有していないことである。行政処分をする権限はあくまで行政庁が有するので，裁判所としては「行政処分をしなさい」という命令を行政庁に発することしかできないのである。

図13　権限の不作為と義務付けの訴え

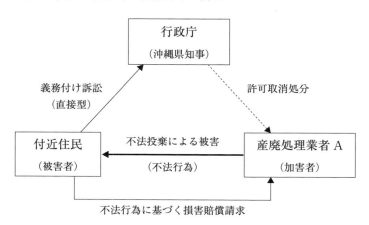

可を取り消さないこと）と損害との間に因果関係が認められるので，付近住民としては，義務付けの訴えを提起して，知事に許可取消処分の発動を求めることができる[117]。裁判所は，被害の状況や法令の規定等を踏まえて，知事が許可を取り消すべき義務を負うか否かを審査して，必要な場合には許可の取消しを知事に命じるのである。

　このように，直接型義務付け訴訟では，行政庁の不作為によって間接的に被害を受ける者に訴訟提起が認められている。行政処分をめぐって三面関係が生じている点は，第12章で見た第三者による取消訴訟と似ている。行政庁には，本来，公益を十分に守るために規制行政を担う責務があるが，何らかの事情でその責務を怠っている場合には，義務付け訴訟を契機として裁判所がその是正を図るのである[118]。

（2）申請型義務付け訴訟

　申請型義務付け訴訟のポイントは，行政庁に対して許認可等の申請に

117　もちろん，付近住民は例えば不法行為に基づく損害賠償をA社に請求することもできる。また，人格権に基づく差止請求として，処理施設の稼働停止を求めることもできる。これらは民法に基づく救済手段に当たる。

対する処分の発動を求めることにある。基本的には，飲食店の営業許可や生活保護の開始決定，保育所の入所承諾処分等，自らにとって利益となる処分がその対象となる。

　第11章で見た保育所の入所承諾処分について言えば，原告（児童の保護者）は行政庁に対して承諾処分の発動を求める訴えを提起できる。取消訴訟の場合には，不承諾処分の取消しを求めるにとどまるが，義務付け訴訟の場合には，それを超えて，承諾処分をすることを求めることができる。

　このように，申請を拒否する処分（不許可処分等）については，申請者は取消訴訟と義務付け訴訟の二つを用いることができるが，注意を要するのは，義務付け訴訟を提起する場合には，取消訴訟も併せて提起しなければならないことである（取消訴訟だけを提起することは構わない）。その理由については，以下で詳しく説明しよう。

　取消訴訟と義務付け訴訟は一見すると似ているが，決定的な違いがある。それは請求が認容される要件が異なることである。行政庁に裁量権が認められる場合で考えると，取消訴訟の場合には，申請を拒否したことに裁量権の逸脱・濫用があることが要件となる。他方で，義務付け訴訟の場合には，申請を認容しないことに裁量権の逸脱・濫用があることが要件となる[119]。

118　差止訴訟と同様に，直接型義務付け訴訟についても特別の訴訟要件と請求認容要件が定められている（行訴法37条の2）。原告適格が問題となるのは第三者による取消訴訟と同様であるが，他にも，重損要件や補充性といった訴訟要件がある。それらの詳細については本書では立ち入らない。

119　この違いを理解するために，10万円の金銭給付を求めて申請したが，行政庁が給付を認めなかった（拒否処分）という例で考えてみよう。この申請を拒否した処分に裁量権の逸脱・濫用がある場合には，取消訴訟は認容されるが，その場合にも10万円の給付が直ちに認められるわけではない。再度判断をやり直した結果，5万円の給付しか認められない可能性もあるからである。他方で，10万円の給付をしないことに裁量権の逸脱・濫用がある場合には，義務付け訴訟が認容され，その場合には10万円の給付が必ず認められることになる。10万円の給付を認めるべき事情が揃っていてはじめて義務付け訴訟は認容されるのである。

そうすると，義務付け訴訟の審理を続ける過程で，申請を拒否したことの違法性が判明したが，申請を認容すべきとまでは言えない，という事態が起こり得る。この場合，裁判所としては，取消訴訟について先に判決（請求認容判決）をして，義務付けの訴えについては審理を中断できる（行訴法37条の3第6項）。これは，審理を続けることがかえって解決を遅らせる場合には，先に取消訴訟を認容して行政庁に再度の判断を求めた方が望ましいからである。取消訴訟と義務付け訴訟の併合提起が求められる理由はこの点にある[120]。

5. 不作為の違法確認訴訟

　行政庁が申請に対して何も応答しない場合の救済手段として，「不作為の違法確認訴訟」がある。申請から「相当期間」（処分を行うに通常必要とする期間）が経過している場合，請求は認容されて，行政庁には申請に直ちに応答することが義務付けられる。

　もっとも，判決の拘束力が限定されているために，権利救済の実効性が乏しいという問題がある。すなわち，請求が認容された場合でも，行政庁は申請を認容すべき義務を負うものではない。行政庁は申請を拒否することも当然にできるので，申請者としてはさらにこの拒否処分の取消訴訟を提起しなければならないのである。

　このような欠点を補うために，先に説明した申請型義務付け訴訟が活用されている。申請型義務付け訴訟では，申請を認容することを行政庁に命じることができるので，一度の訴訟で十分な救済を得られるからである。

---

[120]　なお，行政庁が申請に対して何も応答しない（申請を拒否する処分も認容する処分もしない）場合には，後述する「不作為の違法確認訴訟」を提起すると共に申請型義務付け訴訟を提起できる（37条の2第1項一号）。また，行政処分のみならず，一定の裁決（審査請求に係るもの）をすることを求めることもできる。

6. 公法上の当事者訴訟

　公法上の当事者訴訟には「形式的当事者訴訟」と「実質的当事者訴訟」の二つがあるが，理論的に重要なのは後者であるので，ここでは後者のみを取り上げよう。

　第11章で見たように，公権力の行使（行政処分）と関係しない法的紛争については，当事者訴訟（公法上の法律関係に関する訴訟）を提起することができる。例えば，国家公務員の未払いの給与を請求する際には，国を被告として当事者訴訟を提起することになる。

　もっとも，これまで当事者訴訟はあまり活用されなかったが，2004年（平成16年）の行訴法改正の際に，新たに「公法上の法律関係に関する確認の訴え」（以下「確認訴訟」という）が追加されて，その積極的な活用が図られることとなった。すなわち，行政活動の多様化に伴い，典型的な行政処分には当たらないものの国民の権利利益に重大な影響をもたらす決定が増加したことから，この確認訴訟を救済の受け皿にすることが提唱されたのである[121]。

　ここでも豚肉の生食禁止に関する「食品，添加物等の規格基準」の改正を例にすると（→第2章），飲食業者が告示改正の取消訴訟を提起することはできないが（処分性の欠如），代わりに，「豚肉の生肉を顧客に提供する権利」の確認を求めて当事者訴訟を提起することが考えられる。

　ところが，確認訴訟も無制限に許容されるわけではない。実は，その適法性が認められるのは「確認の利益」が存在する場合に限られる。抗告訴訟と同様に，真に解決が必要な法的紛争だけが確認訴訟の対象にな

121　行政活動の多様化に伴い，判例や学説では，処分性を拡大して取消訴訟の提起を認めることで救済の途が拡充された（→第12章）。しかし，行政法改正に際しては，取消訴訟のみに頼るのではなく，行政活動の多様性に対応できる新しい訴訟形式を整備することが提案されて，「公法上の法律関係に関する確認の訴え」が法律に明記されたのである。

るのである。

　結局、「確認の利益」を厳格に解すると、抗告訴訟と比べても、救済の認められる範囲はあまり変わらないことになる。確認訴訟が実際に救済の受け皿として機能するか否かは、裁判所の姿勢にかかっていると言えるだろう。

7. 仮の義務付け・仮の差止め

　最後に、差止訴訟と義務付け訴訟に関する仮の救済について簡単に説明しよう。

　さて、差止訴訟であれ、義務付け訴訟であれ、訴訟を提起してから判決が出るまでの間、原則として救済を受けることはできない。この点は取消訴訟の場合と同様である（→第12章）。そのため、仮の差止めと仮の義務付けという暫定的な救済手段が用意されている（行訴法37条の5）。

　仮の義務付け・仮の差止めの申立を受けた裁判所は、できるだけ速やかに審理を行い、認容するか却下するかを決定する。例えば仮の義務付けの申立が認容されると、判決が出るまでの間、行政庁は暫定的に処分をしなければならない[122]。

　仮の差止め・仮の義務付けは有効な救済手段であるが、公益にもたらす影響も大きいので、その要件は執行停止以上に厳格なものとなっている。すなわち、「本案について理由があるとみえること」や「公共の福祉に重大な影響を及ぼさないこと」の他に、「償うことのできない損害を避けるために緊急の必要があること」という要件が置かれている。これは、損害が単に重大であるだけでは足りず、事後的に金銭で救済でき

---

[122]　生活保護の開始決定を例にすると、行政庁は暫定的に生活保護を支給しなければならないが、判決の結果、請求が棄却されると、開始決定は遡及的に効力が消滅するので、原告は受給した保護費を返還しなければならない。また、特措法に基づく運賃変更命令についても、仮の差止めの申立が認容されると、判決が出るまでの間、行政庁は命令を発することが許されなくなる。この点は先に説明した通りである。

ないものでなければならないことを意味する。具体的には，生命や健康が脅かされるとか，企業の信用が大幅に低下して事業の継続が困難になるといった事情が必要になると解されている[123]。

8. 終わりに

　本章では，取消訴訟以外の訴訟形式について学んだ。従来の判例や学説では取消訴訟が救済の柱とされていたが，近年では，救済手段の多様化が唱えられており，その他の訴訟形式の重要性も高まっている。本書ではその一端しか取り上げることができなかったが，行訴法の定める様々な訴訟形式を正しく理解できるようにしよう。

学習課題

1. タクシー事業の規制緩和はどのような問題を引き起こしていたのだろうか。国土交通省の専門家による下記のレポート記事（「立法と調査」所収）を読んで，その概要をまとめよう。
   https://www.sangiin.go.jp/japanese/annai/chousa/rippou_chousa/backnumber/2007pdf/20070420066.pdf
2. ALS患者に対する重度訪問介護の支給額が争われた申請型義務付け訴訟として，和歌山地判平成24年4月25日がある。下記の裁判所HPに掲載されている判決文を読んで，その内容をまとめよう。
   https://www.courts.go.jp/app/hanrei_jp/detail4?id=82646

123　今回の事例でも，運賃変更命令に引き続いて営業停止命令等が出されると，A社の事業基盤に深刻な影響が生じ，倒産の危機に瀕することも想定されることから，A社の受ける不利益は「償うことのできない損害」に当たると裁判所は判断したのである。このように，仮の義務付け・仮の差止めは抑制的に行使される原則となっている。

14 行政救済４―国家賠償

《**学習のポイント**》　公務員の違法かつ過失ある公権力の行使によって人々に
損害が生じた場合には，国や地方自治体はその損害を金銭的に賠償しなけれ
ばならない。本章では，この国家賠償制度の概要について学ぶ。
《**キーワード**》　国家賠償，違法性，過失

「一人親方」の患者は涙した　アスベスト訴訟で逆転勝訴
（朝日新聞デジタル版　2019年11月15日）

　　「今まで闘ってきて，本当によかった……」
　アスベストで肺がんを患った男性に対し，福岡高裁は賠償責任を
認める判決を出した。男性は建設業の個人事業主にあたる「一人親
方」。一審では，労働者ではないとして，訴えが認められていなか
った。悔し涙が，ようやく報われた。
　福岡県宮若市のＡさん（71）は，16歳のころから大工一筋。9年
ほどは建設会社の親方の下で働き，1975年7月に独立し，個人事業
主にあたる「一人親方」になった。建材は自らのこぎりを使って切
った。「作業をしているときにマスクなんて誰もしていなかった」
　Ａさんが「アスベスト」という言葉を知ったのは2000年代前半。
61歳で肺がんと診断され，手術を受けた。アスベストによる労災認
定も受けた。

　だが，一審・福岡地裁判決で賠償が認められたのは，75年10月から「労働者」として働いていた人で，Ａさんは漏れた。独立後も，建設会社時代の仲間に現場を手伝ってもらうこともあれば，手伝いに赴いたこともあり，実質的に「労働者」と同じだと思っていた。「同じ現場で働いていたのに，何でやろか」。家で焼酎のお湯割りを飲みながら，涙が出たこともある。今回，それがようやく認められた。……

〈判決の概要〉

　建設資材のアスベスト（石綿）で健康被害を受けたとして，九州4県の建設作業従事者ら54人が国や建材メーカー12社に約10億8千万円の損害賠償を求め提訴。今月11日，福岡高裁（山之内紀行裁判長）は，国の責任だけを認めた一審・福岡地裁判決を変更。個人事業主の「一人親方」について，「石綿粉じんが曝露（ばくろ）する危険性は建築現場全体に生じる。一人親方は労働者と同様に作業している」と判断。国家賠償法の適用が認められるとした。メーカー4社の責任も認め，計約3億5千万円の賠償を命じた。

1.　はじめに

　本章では国家賠償制度について学ぶが，先に概要を説明すると，公務員の違法で過失ある公権力の行使によって損害を受けた者は，国家賠償法（以下「国賠法」という）に基づき，賠償金の支払いを国や地方自治体に請求できる（1条）。基本的には国賠法は民法の不法行為法に似ているが，国賠法は憲法17条に基づく制度であることに注意しよう。

　第12章や第13章でも述べたように，行政処分によって不利益を受けた

者は，取消訴訟などの抗告訴訟を提起して権利や自由の回復を求めることができる。他方で，国家賠償訴訟を提起して損害の金銭的救済を求めることもできる。裁判所による権利救済という意味では両者は共通しているが，救済の内容が異なることがポイントである[124]。

　また，国家賠償では，行政処分に起因する損害だけでなく，公務員の事実行為による損害についても救済を求めることができる。典型例としては，警察官が犯罪の容疑者を逮捕する際に，容疑者が無抵抗であったにもかかわらず警棒で殴りつけ，腕を骨折させたとしよう。この殴打行為は行政処分には当たらない事実行為であるが，公権力の行使には当たるので，違法性と過失が認められる場合にはケガの治療費や休業補償等の賠償金が支払われる。

　この記事でも，国賠法が適用されて国の責任が認められたとあるので，国が違法な公権力を行使して一人親方のＡに損害を与えたと推測できるが，その具体的内容までは分からない。また，そもそもアスベスト（石綿）による健康被害とはどのようなもので，それが国の責任とどのように結びつくのだろうか。さらには，一人親方と労働者でなぜ救済内容に違いが生じたのだろうか。

　この判決は理論的には極めて興味深いが，それだけに理解するのが難しい。以下では，一つひとつ解きほぐしながら説明していこう。

2. アスベストと健康被害

　アスベストとは繊維状の鉱物のことであり，耐火性に優れていて加工も容易であることから，防火用の建築材料や断熱材として広く用いられてきた。アスベストを用いると火災による被害を大幅に低減できるため

124　飲食店の営業停止処分を例にすると（→第2章），その効果を消滅させて営業を再開するためには取消訴訟を，営業停止期間中の損害（利益の減少分）の賠償を求めるためには国家賠償訴訟を，それぞれ提起することになる（両方の訴訟を提起することも認められる）。なお，国家賠償には二つの類型があり，公権力の行使に関しては1条が，公の営造物の設置管理の瑕疵については2条が，それぞれ適用される（後者については6で説明する）。

に，特に木造家屋が密集する日本では多用されたのである。

　多くの人命や財産を救ったという意味で，アスベストは戦後の日本復興を支えた重要な素材であったと評価できる。しかし，アスベストの粉塵（長さ10〜20μm程度の微細な粉末）を長期間吸い込むと，数十年後に肺がんや中皮腫といった重篤な病気を引き起こすことが判明したため，現在では全面的に使用が禁止されている[125]。おそらくＡも，建設現場でアスベスト建材を加工する際に粉塵を吸い込んで，それが原因で肺がんに罹患したと推測される。

　では，アスベストが原因で肺がん等に罹った者には，どのような救済手段が用意されているのだろうか。記事では，国家賠償による救済が取り上げられているが，その他にも，①労働者災害補償保険法（以下「労災法」という）による救済と，②「石綿による健康被害の救済に関する法律」という特別法による救済がある。

　このように，既存の救済手段がないわけではないが，支給される金額が少ない上に，労災法の定める「労働者」のみが対象になるという問題がある。例えば，②の法律では，アスベストが原因で死亡した者の遺族には「特別遺族弔慰金」が支払われるが，その額は280万円と必ずしも十分なものではない。また，Ａのような一人親方は，建前上は自己の責任で（他者の指揮監督を受けることなく）業務に従事する立場にあるという理由から，法律による保護の対象外とされている。そこで，より十全な救済を求めるために国家賠償訴訟が提起されたのである。

3.　規制権限の不作為と国家賠償

　では，なぜ裁判所は国の責任を認めたのだろうか。そもそも，アスベ

---

[125]　1960年代からアスベストの危険性が認識され，日本でも1975年から規制が強化されたが，全面的に製造や使用が禁止されたのは2000年代に入ってからであった。アスベストに曝露してから症状が出るまで数十年の潜伏期間があることから「静かな時限爆弾」と呼ばれることもある。今日でも，アスベストを含んだ建物等を解体する時に粉塵が飛び散るおそれがあることから，厳重な対策が必要となっている。

ストを含んだ建材等を製造・販売したのは建材メーカーであるので，メーカーが賠償責任を負うのが筋であると考えられる（記事で紹介されているように，判決はメーカー4社の責任も認めている）。

　もっとも，不法行為に基づく損害賠償責任が認められるためには，因果関係や過失を証明しなければならないので，現実には責任追及は容易ではない（→第1章）。また，建材メーカーが既に倒産していたり，支払能力がなかったりする場合も多いので，実効的な救済が得られないという問題もある。そこで，国の責任を問うことが試みられたのである。

　確かに，国や地方自治体には，アスベストをはじめとする有害な物質等から労働者を守るために法制度を整備して，それらを実施する責務があると考えられる。具体的には，労働安全衛生法や労働基準法に基づく規制権限を行使して，例えばアスベストの使用を禁止したり，換気のための局所排気装置を設置させたり，防塵マスクの着用を義務付けたりすることである。

　アスベストの危険性が徐々に判明するにつれて，規制も強化されていったが，それでも不十分な点も多く，結果として労働者の健康被害を防ぐことができなかった。そこで原告らは，この規制の不十分さ（「規制権限の不作為（または不行使）」という）を捉えて，国にも賠償責任が認められるべきであると主張したのである。

　国の責任を認めるべきか否か，この問題も極めて難しいものである。確かに，現代における国や地方自治体の責務は，規制権限を適時に行使して様々なリスクから人々を守ることにあることは間違いない。しかし，この考え方が行き過ぎると，国が賠償責任を負うべき範囲が広がりすぎて，財政が危機に瀕してしまうだろう。そこで，国の責任が認められる場合をかなり限定する必要も出てくる。

　結論から述べると，現在の判例では，規制権限の不作為の結果として

人々に損害が生じた場合，かなり限定的ではあるが，国や地方自治体の賠償責任を認めている。本章で取り上げたアスベスト被害の他に，水俣病や炭鉱での塵肺がその代表例である。

　より詳しく見ると，判例では，規制権限の不作為が「許容される限度を逸脱して著しく合理性を欠くと認められるとき」は，国賠法の適用上違法になるとの一般論が示されている。例えば，重大な損害が生じていて，かつ，それを防ぐことが比較的容易であったにもかかわらず，国や地方自治体が対策を怠った場合がこれに当たると解される。分かりやすく言えば，行政側に重大な落ち度があった場合にのみ賠償責任が認められるのである。以下では，その概要について説明しよう。

（1）因果関係

　まず，国賠法の下では，公権力の行使と損害との間に「因果関係」が存在することが求められる。飲食店に対する営業停止処分のような積極的な作為については，因果関係は問題なく認められるが，本件のような規制権限の不作為についてはその証明は容易ではない。具体的には，規制権限を行使すれば相当程度の確率で被害を防止できた，という証明が必要となるため，対策を講じたとしても被害の防止が困難であったといった事情があれば，因果関係は否定されてしまう。

　この点につき福岡高裁は，アスベストによる健康被害を回避するためには，防塵マスクの着用を労働者に義務付けることで十分に有効な対策になったとして，因果関係を肯定している。必ずしも説得力のある理由付けではないかもしれないが，裁判所は被害者救済を優先してこのような判断を下したのだろう。

（2）故意・過失

　次に，公権力の行使に携わった公務員に「故意・過失」がなければならない。この事例では，故意に損害を引き起こしたわけではないので，過失の有無が問題となるが，その証明も容易ではない。

　民法の不法行為法と同様に，国賠法においても，過失とは，予見可能性と結果回避可能性があったにもかかわらず，結果を回避する義務を怠ったことと定義される。公務員に通常求められる注意義務を果たしていれば，損害の発生を予見できて，かつ損害を回避できたのであれば，その態様に落ち度があったとして賠償責任が生じるのである。

　先に予見可能性から検討すると，アスベストの粉塵が肺がん等の重大な病気を引き起こすことは，1960年代から研究結果等で報告されていたようである。もっとも，この時点では科学的に十分な解明が進んでいなかったことから，国（労働省）としても損害の発生を予見するのは困難であったというしかない。他方で，1970年代に入ると国際労働機関（ILO）がアスベストの危険性を明示的に認めたことから，これ以降は予見可能性があったと認定できるだろう（福岡高裁はILOの報告書が出された1972年を基準時としている)[126]。

　結果回避可能性については，行政庁が規制権限を有していて，かつ規制権限をある程度容易に行使できたことが条件になる。例えば，法律の不備で規制権限を行使できなかった場合や，権限行使のもたらす不利益が極めて大きかった場合，権限行使に対する国民の反対が根強かった場合には，結果回避可能性が否定されるだろう。

　アスベストに対する規制についても，より早期に省令を改正してその使用を全面的に禁止することは不可能ではなかったかもしれない。しか

---

[126]　このように，予見可能性は医療や科学の進展によって時代ごとに変わるので，予見可能性の基準時をいつに設定するかという点は裁判でも頻繁に問題となっている。判例の傾向としては，わずかでも疑いが提起された時点で予見可能性を認めるのではなく，科学的知見が確立した時点から予見可能性を認めていると言えるだろう。

し，耐火性に優れた他の代替素材がなかったことから，建築物の防火対策が不十分になるというデメリットがあった。また，湿潤化措置や局所排気装置の設置を義務付けることについては，費用や効果の面で実施困難であったと考えられる。

そうすると，結果回避は極めて困難であったとも評価できるが，前述のように福岡高裁は，防塵マスクの着用を義務付けることは十分可能であり，かつ効果も高かったとして，結果回避可能性も認めたのである。

（3）違法性

三つ目の要件として，公権力の行使が違法であることが求められる。行政処分や警察官の逮捕行為のような積極的な作為については，権限行使が憲法や法令，行政法の一般法原則（これらを「行為規範」という）に反していれば，当然，違法性が認められることになる。このような違法性判断の枠組みは抗告訴訟の場合と同様であるので，特に説明は必要ないだろう。

他方で，規制権限の不作為のような特殊な類型については，違法性判断の枠組みが異なってくる。すなわち，行政庁が従うべき行為規範が明確でないために，行政庁が職務上尽くすべき注意義務・損害回避義務が違法性判断の基準になる。そうすると，前述の過失判断と違法性判断がほぼ重なり合うので，過失と違法性は区別されずに一緒に判断されるのである。

今回の事例でも，裁判所は違法性と過失を区別せずに判断しており，違法性を認めると同時に過失も認める結果となっている。かなり難しい論点であるが，このような違法性と過失の一元的な判断枠組みがあることに注意しよう。

4. 一人親方と「労働者性」

　もう一つの難問は，一人親方であるＡが保護の対象になるか，という点である。これは労働法に関わる論点であるが，労働安全衛生法や労働基準法は「労働者」を保護するものであり，業務に従事する者でも，労働者に当たらないものは保護されない建前となっている。

　そもそも，労働者とは「他者の指揮監督の下に自分の望まない業務に従事させられる」という意味で，経済的・法的に弱い立場にある。極端な言い方をすれば，生活費を稼ぐために危険な環境で上司の命令に従って安月給で長時間働かなければならない存在が労働者であり，それゆえに労働者を保護するために様々な法制度が整備されている。他方で，会社の経営者は，「業務の内容等を自分で決めて自らの責任で従事できる」という意味でより強い立場にある。そのため，これらの法制度の保護対象から外されているのである。

　ところが，Ａのような「一人親方」については，個人事業主（経営者）であるので業務の内容を自分で決めることはできるが，経済的には極めて弱い立場にあるので，仕事の内容や実態は労働者とほとんど変わりがない。それゆえに，通常の労働者と同じように，アスベストによる健康被害といった様々なリスクにさらされやすい。

　結局，実質的には労働者に当たるが形式的には経営者に当たる，というのが一人親方の位置付けであるので，形式面を重視すると救済から漏れてしまうことになる。この事例でも，第一審の福岡地裁は，Ａが労働者に当たらないことを理由に国家賠償責任を認めなかったのである。

　しかし，福岡高裁は画期的な解釈論を展開して一人親方にも救済の網を広げた。すなわち，一人親方の作業実態等は労働者のそれと変わりないことから，仮に労働者に対して国が適切に規制権限を行使してマスク

の着用等を義務付けていれば，一人親方もその義務に事実上従ったはずであるから，被害の発生を防ぐことができたはずであるとする。さらに，アスベスト関連疾患の深刻さも考慮すると，一人親方に対して国が賠償責任を負わないことは「正義公平の観点から妥当ではない」と結論付けたのである。

　おそらく，読者の多くはこの高裁判決を支持するのではないだろうか。形式的な法的地位の違いを理由に賠償責任を否定することは，理論的には正しいのかもしれないが，それこそ正義公平の原則に反するだろう。法解釈に際しては，時として法律の規定を根底から覆す必要も出てくることを覚えておこう。

5.　その他の論点について

　国家賠償の基本的仕組みは以上の通りであるが，以下では，まだ取り上げていない論点を説明していこう。

（1）公務員と公権力の行使
　国賠法が適用されるためには，「公権力の行使」に当たる「公務員」が「職務上の行為」として損害を与えたことが条件となる（1条）[127]。
　まず，国賠法にいう「公務員」とは，身分上の公務員だけでなく，公権力の行使を委ねられた者を意味する。例えば，弁護士の職能団体である弁護士会は，非行を犯した所属弁護士を懲戒する権限を有しているが，この懲戒権限から生じた損害には国賠法が適用される（その際に賠償義務を負うのは，国ではなく弁護士会である）。
　次に，「職務上の行為」については，公務員が勤務時間外の活動や本来の職務とは関係ない活動で損害を与えた場合でも，当該活動が一般人

---

[127]　以下のように，「公務員」等の要件についても解釈上の問題はあるが，これらが満たされないとしても，原則に戻って民法（不法行為法）が適用されるので，損害賠償の請求は可能である。実際には，国賠法と不法行為法ではほぼ同じ要件が定められているので，どちらが適用されても大きな違いは生じない。

222

から見て職務遂行と捉えられる場合には，やはり国賠法が適用される（「外形標準説」と呼ぶ）。

　三つ目の「公権力の行使」については，抗告訴訟の場合と異なり，より広い定義が採用されている。すなわち，国の私経済上の作用と営造物の設置・管理活動を除く全ての国家活動がこれに当たるとされている。例えば，公立学校での教育活動や行政機関による情報提供についても，一方的に義務を課すといった意味での公権力性はないものの，やはり国賠法が適用されるのである。

（2）「無過失」の場合の救済

　国家賠償制度で問題となるのは，公権力の行使が違法であるが過失が認められない（無過失）場合の救済である。3で述べたように，国や地方自治体の賠償責任が認められるためには，公務員に過失（注意義務違反）があったことが要件となる。そのため，公務員が十分に注意を尽くしても損害を予見できなかった場合などには，被害者は救済を得られない[128]。

　立法論としては，公権力の行使が違法であれば，過失を要件とすることなく賠償責任を認めることも考えられるが，逆に賠償責任が加重になりすぎるという問題が起きる。解釈論としては，過失の認定を緩やかにすることで救済の範囲を広げることが望ましいと言えるだろう。

（3）立法行為と国家賠償

　国賠法にいう「公権力の行使」は極めて広い概念であるため，検察官の公訴提起や民事・刑事の裁判，国会の立法行為などについても国賠法が適用される。例えば，裁判の判決に重大な誤りがあり，その結果として当事者が損害を受けた場合には，国の国家賠償責任を追及できる。ま

128　他方で，抗告訴訟や当事者訴訟の場合には過失は要件とされないことから，例えば取消訴訟において行政処分が違法であることが判明すれば，当然に処分は取り消されることになる。

た，法律の制定・改正によって損害が生じた場合も同様である[129]。

　一方では，国会の定める法律が憲法に反する場合には，国会議員に過失がある限りは，賠償責任も当然に認めるべきであるという考え方がある。他方で，賠償責任を認めることは国会の立法活動を萎縮させるおそれもあるので，民主主義の観点からは，国会の責任を限定すべきであるとも主張される。

　そこで最高裁は，後者の考え方に立って，立法行為について賠償責任が認められるのは極めて例外的な場合に限られるとの解釈論を示している。すなわち，「立法の内容が憲法の一義的な文言に違反しているにもかかわらず国会があえて当該立法を行う」場合にのみ国賠法1条にいう違法性が生じるとしているのである[130]。

6. 公の営造物の設置管理の瑕疵に基づく国家賠償

　国賠法では，公権力の行使だけではなく，公の営造物の設置管理に関する賠償責任も定められている（2条）。ここでいう「公の営造物」とは，簡単に言えば，広く国民に提供される公共施設のことを意味する。道路や橋，空港，河川（ダムや堤防も含む），公立学校，刑務所等がその典型例である。

　例えば，市の管理する公園のブランコの鎖が腐食していたために，鎖が切れて，乗っていた児童が転落して大ケガを負ったとする。この場合，公園とブランコは「公の営造物」に当たり，かつ，鎖が腐食していたことは「管理の瑕疵」と言えることから，児童の保護者は国賠法2条

129　そのリーディングケースとして，在宅投票制度の廃止の違憲性が問題となった最判昭和60年11月21日が挙げられる。これは，在宅投票制度が法改正によって廃止されたところ，投票の機会が奪われたとして重度の歩行障害を有する者が国賠法1条に基づく損害賠償を請求したという事案である。

130　もちろん，この判例法理は学説から厳しく批判されていて，近年では，これらの批判を受けて，裁判所も立法活動に対してより厳しい司法審査をしていると考えられる。その例として，在外選挙権に係る立法不作為が問題となった最判平成17年9月14日を挙げることができる。

に基づき市に賠償を求めることができる。

　国賠法2条では，公務員の過失は要件となっておらず，代わりに，設置管理の「瑕疵」が要件とされている。これは営造物に通常有すべき安全性が欠けていることを意味するが，具体的にどのような場合に瑕疵が認められるのか，という点は難問である。

　ここで注意を要するのは，公の営造物に関する責任についても，公務員の落ち度が問題になるという意味では，公権力の行使に関する責任の場合と考慮要素は似通っていることである。要するに，公務員が尽くすべき注意が尽くされたか，という点が賠償責任の根拠となるのである。

　より具体的に見ていくと，判例では，営造物の構造や用法，場所的環境，利用状況，予算上の制約等を総合考慮するとの一般論が示されている。用水路に転落防止の柵を付けるべきか否か，という例で考えてみると，用水路が深くて転落した際の被害が大きいこと（構造），用水路付近で普段から児童が遊んでいること（場所的環境・利用状況），柵の設置に多額の費用がかかること（予算上の制約）といった事情が考慮される。その結果，柵を設置する必要性が高く，かつ設置に支障が少なかったのであれば，瑕疵が認められると考えられる。

　もっとも，実際にはどの事情を重視するかで判断が変わってくるので，瑕疵の有無は必ずしも一義的に決まるわけではない[131]。

7.　損失補償

　最後に，損失補償について補足しておこう。違法な公権力の行使については国家賠償によって救済が図られるが，公権力の適法な行使から生

131　国賠法2条で特に深刻な問題となるのは，河川水害に関する瑕疵の有無である。河川（堤防やダムを含む）も公の営造物に当たることから，堤防の未整備やダムの操作に起因して浸水被害等が生じた場合，国や地方自治体の賠償責任が問題となり得る。この場合にも，河川管理に「瑕疵」が認められるのであれば国賠法上の責任が生じるが，判例の傾向としては，財政負担の大きさを重視して，瑕疵の認定には消極的であるといえる。

じた損害であっても，それが「特別の犠牲」に当たる限りは，公平の理念からその損失を補償することが要請される。これが損失補償であり，憲法29条3項にいう「正当な補償」によって根拠付けられる。

　損失補償には様々なものがあるが，第4章で見たように，土地収用法に定める損失補償がその典型例である。「公共の利益となる事業」のために人々の土地・建物等を強制的に収用する代わりに，公平の理念から，起業者はその対価を支払わなければならないのである。

　土地収用については，地権者が受ける不利益が「特別の犠牲」に当たることは疑いないが，他の事例では，特別の犠牲に当たるか否かが争われることが少なくない。規制行政によって権利・自由が制限されるとしても，それが当然に受忍すべきものに当たる場合には損失補償は不要となる。その境界線はどこにあるのだろうか。

　これも難しい論点であるが，基本的には，公共の秩序を確保するために最小限必要な規制（「警察制限」という）については，損失補償は不要であるのに対して，積極的に福祉を増進するための規制（「公用制限」という）であれば，損失補償が必要になると主張されている。また，判例の傾向としては，侵害の程度や権利に内在する制約，社会通念等も考慮されていると考えられる。

　例えば，国立公園等では，自然環境を保護するために土地の開発や建物の建設が制限されていて，その分，地権者には損失が生じているが，この種の制限について損失補償が必要になるのだろうか。

　この点，自然環境保護のための規制は積極的な福祉の増進に当たるとも考えられるが，そもそも国立公園内の土地の所有権には，自然環境を過度に破壊してはならない，という内在的な制約が及んでいると解される。別の言い方をすれば，所有権も無制約なものではなく，周囲の状況等に応じてその行使が元から制限されていると言える。この点を重視す

ると，建築制限等も「地権者が受忍すべきもの」と評価されて，損失補償は不要になると結論付けられるだろう。

8. 終わりに

　本章では，国家賠償と損失補償の二つを学んだ。特に国家賠償は，公権力の行使によって損害を受けた者にとって救済の切り札になる重要な制度であり，現実に多数の訴訟が提起されている。また，アスベストによる健康被害のように，規制権限の不作為に起因する損害についても，国家賠償による救済が図られている。法治国家の実現のために，国家賠償が極めて重要な役割を果たしていることを覚えておこう。

学習課題

1. アスベストによる健康被害を防ぐために，現在はどのような対策がとられているのだろうか。下記の国土交通省 HP のパンフレットを読んで，その概要をまとめよう。

https://www.mlit.go.jp/kisha/kisha08/07/070425_2/01.pdf

2. 規制権限の不作為と国家賠償の関係が問題となった重要判例として最判平成 7 年 6 月 23 日（クロロキン訴訟）がある。下記の裁判所 HP に掲載されている判決文を読んで，その内容をまとめよう。

https://www.courts.go.jp/app/hanrei_jp/detail2?id=57048

15 まとめと復習

《学習のポイント》 これまで学んできたことの復習として，新型コロナウイルスと行政法の関係についてもう一度考えてみよう。
《キーワード》 裁量権の濫用，少数者（マイノリティ）の保護，感染防止対策

警視庁が歌舞伎町立ち入り　都と連携，感染対策も周知

(日本経済新聞電子版　2020年7月24日)

　新型コロナウイルスの感染が相次いでいる東京・新宿の歌舞伎町で，警視庁は24日夜，風営法［風俗営業等の規制及び業務の適正化等に関する法律］に基づき店舗に立ち入り調査をした。都職員も同行し，感染拡大防止のガイドラインを順守しているかどうかなど予防策の実施状況を確認した。……

　立ち入り調査はホストクラブなどを対象とし，従業員名簿が備え付けられているかどうかや，時間外営業をしていないかなどをチェック。その後，店側の同意を得て，都職員が予防策の点検や周知を行った。

　風営法は本来，営業時間や区域を規制する法律で，衛生面は対象外。感染症対策の規定はなく，警察関係者からも「越権行為と捉えられないか」と不安視する声がある。

> 　警察の立ち入り調査に合わせた感染対策のチェックについて，歌
> 舞伎町では現在の感染状況から容認する声も聞かれたが，あるホス
> トクラブ関係者は「やりすぎではないか。やるならホストクラブ以
> 外の店や歌舞伎町以外のエリアでもやってほしい」と漏らした。
> （[　　]は筆者加筆）

1.　はじめに

　本書の最後として，これまで学んだ知識を踏まえて，再び新型コロナ
ウイルス感染症（以下「COVID-19」という）をめぐる問題を取り上げ
よう。

　さて，これまで数多くのことを学んできたが，行政法を学ぶ際に最も
重要なのは，「公権力の恐ろしさ」を実感した上で，公権力の暴走を抑
える手立てを理解する，という点であると筆者は考えている。本書を読
み終えた後も，細かい知識は忘れても構わないが，このような行政法の
存在意義——公権力の制御のための法——は忘れないでほしい。

　例えば第4章で見た土地収用について，私が学生たちに文字や言葉で
その内容を伝えても，その恐ろしさになかなか気付いてくれない。そこ
で，座り込んで激しく抵抗する地権者を警察官が無理やり連れ出す，と
いうニュース映像を流すと，多くの学生がその暴力性に衝撃を受けて公
権力に対する見方を変えるのである。

　他方で，公益を達成するためには公権力は必要不可欠でもある。社会
の秩序を維持し，公衆衛生を保ち，貧富の格差を是正して，生活環境や
自然環境を改善するためには，公権力を適時に行使することも求められ
る。それゆえ，公権力を過度に恐れるのではなく，その適切な行使にも

意を払わなければならない132。

　もちろん，今日の日本においては，全体的な傾向としては，公権力の行使には十分な制約が及んでいるので，行政法の理念が達成されていると言える。とはいえ，局所的に公権力の恐ろしさが突発して，行政法の理念が損なわれる事態が起きることもある。

　実際，2020年2月から始まったコロナ危機においては，公権力に対する抑制が利かなくなることも少なくなかった。その一例として，この記事に出てくる立入調査の問題を取り上げてみよう。

2. ホストクラブ・キャバクラと感染防止対策

　さて，記事の内容を確認すると，ホストクラブやキャバクラ等の「接待を伴う飲食店」で感染が拡大している疑いがあるということで，警視庁と東京都庁が風営法に基づき立入調査を実施したとある。

　確かに，接待を伴う飲食店では，客と従業員が極めて近い距離で応対することから，感染のリスクが高いと言われている。これらの飲食店で集団感染も起きていたことから，東京都だけでなく他の地方自治体でも対策が急務とされていた。そこで，COVID-19の感染防止対策が十分にとられているか，立入調査が実施されたのである。

　おそらく読者の多くは，このような東京都の対応に何も疑問を抱かないと思われる。むしろ，適切な対応であると評価する人も多いかもしれない。感染防止対策を強化して国民の健康や生命を守ることは重要な公益であることは言うまでもないし，法律の規定に基づき穏当な態様で調査を実施することは，行政調査に関する基本原則に即していると考えられるからである。

132　この土地収用に関するニュース映像を授業で流した後に，学生の一人が次のようなコメントを寄せてくれた。「私は公務員を志望しているが，公権力がこれほどまでに厳しいものだとは知らなかった。しかし，だからこそ行政法をしっかり学んで，公権力が適正なものになるように努めたい」。行政に携わる者には常にこのような緊張感を持ち続けてほしいと願っている。

　第8章で見たように，このような立入調査のことを「行政調査」と呼ぶが，行政調査であっても基本的人権を侵害するので，法律の根拠が必要となるし，比例原則等の行政法の一般法原則に反しないことが求められる。

　そこで風営法の条文を確認しておくと，その37条は，警察職員が風俗営業の営業所等に立ち入る権限を認めているが，「この法律の施行に必要な限度において」という制限も定めている。そのため，必要性が乏しいのに立入調査を実施したり，ホストクラブ等を狙い撃ちにして過剰な調査をしたりすると，同条や比例原則，平等原則に抵触することになる。

　もっとも，今回の立入調査は比較的穏当なものであり，明確な違法性は見当たらないように思われる。しかし，記事を読み返してみると，「風営法は本来，営業時間や区域を規制する法律で，衛生面は対象外」と説明されている。これはどういうことだろうか。

3. 風営法と権限の「濫用」

　実は，第5章で見たように，法律によって認められた規制権限はその法律の「目的」のためにしか行使できないという制限がある。すなわち，行政法の一般法原則には「権限濫用の禁止」も含まれており，法律の本来の目的を外れて権限を行使することは，仮に形式的には法律に即していたとしても，違法性を帯びるのである。

　そこで風営法の目的を確認すると，「善良の風俗と清浄な風俗環境を保持し，及び少年の健全な育成に障害を及ぼす行為を防止する」と定められているが（1条），「善良の風俗」といった概念が抽象的すぎるので，法律の目指す具体的な目的を掴みにくいかもしれない。

　この点，法律を所管している国家公安委員会（警察庁）は法律の解釈の指針として解釈基準を発出している。これは第7章で学んだ「行政規

則」の一種であり，法律の内容をより具体化したものであるが，ここで
示された解釈に裁判所が拘束されないことは先に学んだ通りである。

　さて，この「風俗営業等の規制及び業務の適正化等に関する法律等の
解釈運用基準について」と題する通達を参考にすると，「善良の風俗」
とは「国民の健全な道義観念により人の欲望を基盤とする風俗生活関係
を善良の状態に保持すること」と定義されている。

　この基準もあまり具体的ではないが，要するに，風俗営業とは性欲や
射幸心といった欲望を基盤とするので，その営業態様が過度なものとな
って，顧客や付近住民に不利益が及ぶ可能性が高い。例えば，射幸心を
過度に煽るギャンブル性の高いパチンコ（遊技機）が提供されると，ギ
ャンブル依存症が増えるおそれがあるし，性風俗営業の店舗が住宅街に
開業すると，近隣の生活環境が悪化してしまう。これらの弊害を避ける
ことが風営法の目的に当たると解されているのである。

　もちろん，「善良」や「清浄」といった価値は抽象的である上に，そ
の時々の社会通念によって変わってくるので，風営法の目的が拡大しや
すいことは否めない。しかし，COVID-19 の感染防止は明らかにこれら
の目的から外れている。第5章で見た感染症法のように，「公衆衛生の
向上及び増進」といった目的が掲げられていて初めて感染防止対策が可
能となるからである。

　結局，風営法に基づく規制権限は「善良の風俗」といった目的に適う
場合にしか行使できない。そのため，感染防止対策のための立入調査は
権限の濫用と評価されて，場合によっては国家賠償責任が生じ得る。も
ちろん，感染防止対策が不十分であることを理由に営業停止処分等（風
営法26条）をすることも，権限の濫用として当然に違法となる。同条も
「善良の風俗」等が害されることを要件としているからである[133]。

---

[133]　第14章で見たように，ホストクラブ等の経営者は，違法な調査によって精神
　　的苦痛を受けたとして国家賠償訴訟を提起できる。行政調査も当然に公権力の行
　　使に当たるので，違法性が認められ，かつ調査を担った公務員に過失が認められ
　　るのであれば，東京都は損害賠償を支払わなければならない。

「警察関係者からも『越権行為と捉えられないか』と不安視する声がある」と記事で紹介されているように，今回の立入調査を担った警視庁もこの点を十分自覚していたようである。調査の主目的はあくまで従業員名簿や営業時間の確認であり，風営法の目的から外れないように配慮していた。しかし，そのついでに，東京都の職員が店舗側の承諾を得た上で感染防止対策を調査したのである。

このような調査が適法なのか違法なのか，筆者も判断に迷うところである。確実なのは，調査の適法性を維持するために行政側もかなり苦慮していたことである。接待を伴う飲食店に対する世論の批判が強まる中，東京都としても，実効的な対策をとる必要性を感じていたが，当時の法制度の枠内では有効な手段が少なかったからである。

すなわち，第5章で見たように，COVID-19に関しては新型インフルエンザ等対策特別措置法（以下「特措法」という）や感染症法に基づく対策がとられているが，感染症法は，病原体に汚染された疑いがある場所（店舗等）にしか立入調査を認めていないし（35条），特措法も，2021年（令和3年）2月改正以前には，感染防止のための調査権限を認めていなかった。そのため，病原体に未だ汚染されていない店舗を調査するには法的根拠が欠けていた。そこで「苦肉の策」として風営法を用いることが考案されたのだろう[134]。

ここまでの説明を読んで，釈然としない思いをした読者もいるかもしれない。目的が手段を正当化すると言われるように，法律の目的から外れるとしても，公益のために行政庁が規制権限を行使することは許容される，という主張もあり得るからである。

134　なお，2021年2月改正では，感染防止のための立入調査権限が都道府県知事に認められたので（特措法72条1項・2項），現在ではこれらの条文を適用してホストクラブ等に調査を実施できる。とはいえ，感染症法の前文で宣言されているように，感染症対策を名目に基本的人権が侵害される事例が後を絶たなかったことから，特措法も感染症法も規制権限の行使に抑制的であることを確認しておこう。

　もっとも，「公益」とは極めて幅広い概念であることから，一度このような考え方を認めてしまうと，行政庁の権限行使に歯止めが利かなくなってしまう。そして，最初に述べたように，公権力とは本質的には恐ろしいものであるから，公権力が暴走し始めるとそれを押しとどめるのはほとんど不可能になってしまう。

　そこで，感染防止対策のために立入調査権限を強化するのであれば，原則に戻って，法律を改正するのが筋であると考えられる。国民の代表である国会議員が議論を尽くしてその是非を判断することで，国会による行政府（内閣や知事等）の統制が確保されて，行政庁の権限行使の節度が保たれることが期待できる。場合によっては，世論や野党の批判を受けて政府が考えを改めることもあるが，それはむしろ好ましいことである。このようなプロセスこそが憲法の定める権力分立の正しいあり方ではないだろうか[135]。

4. 感情と理性

　この記事でも紹介されているように，COVID-19 の感染防止対策をめぐっては，強い規制を求める世論と穏当な対策にとどめたい国会・政府との間に，大きな断絶が存在していたように見える。国会や政府の対応が弱腰にすぎるといった批判も多かったが，行政側は慎重な姿勢をとり，必要最小限の規制となるように配慮していたと言える。

　もちろん，感染リスクを恐れる人々が規制強化を唱えることは心情的には理解できるところである。しかし，国会や政府が対策を講じる際には，このような人々の「感情」から一定の距離を置く必要があることも

---

[135]　かなり昔の話となるが，建築基準法に違反する建築物（高さ制限や容積率制限を遵守しないもの）には上水道を供給しない，という制裁を科した地方自治体があった。しかし，このような給水拒否は水道法に反するとして，現在ではその違法性が確定している。水道法は，「正当の理由」がある場合には給水を拒否することも認めているが（15条），ここでいう「正当の理由」には都市環境や生活環境の保持等は含まれないと解されているのである。

また事実だろう。その上で，専門家としての「理性」を発揮して，科学的な根拠に基づく合理的な制度を設計しなければならない。

　とはいえ，民主主義の原則からは，できる限り国民に寄り添って政治を進めることが理想となるので，COVID-19 を恐れる世論に国会や政府がどのように配慮すべきなのか，これもまた難しい問題である。実際，第 5 章で触れたように，このような世論に応える形で感染症法や特措法の改正が実現したが，規制強化がかえって自分たちの「首を絞める」ことにならないか，新たな不安を覚える人もいるだろう。

　結局は，法制度を整備するのと並行的に，政府が中心となって理性的で合理的な対策を打ち出して，それを粘り強く人々に説明することで不安を解消するしかないと考えるが，それが成功するか否かは，今後の政府の努力にかかっているのだろう。

5. 少数者（マイノリティ）の保護と「法」の役割

　さて，本書では，様々な事例を基に行政法の基礎知識を学んできたが，筆者が特に注意したのは，できる限り中立的で公正な見方をすることである。

　例えば，本章で登場するキャバクラやホストクラブについても，世間の評価はあまり芳しいものではない。極端な言い方をすれば，自粛も守らずに営業を強行して感染を拡大させた悪しき業種，という評価が広まっているかもしれない。このような世間の評判に押し流されて，東京都庁も警視庁もホストクラブ等に対する調査を強行したと言える。

　もっとも，第 5 章で見たパチンコ店と同様に，特定の業種をスケープゴートとして批判することはおよそ理性的な対策とは言えない。企業のオフィスや通常の飲食店，大学の教室，通勤電車等でも，多かれ少なかれ感染リスクは存在するのであり，殊更にホストクラブ等を非難するだ

けの根拠が存在するわけではない。ここでも，人々の「感情」が優勢となって，合理的な対策が蔑ろにされている疑いがある。

しかし，このような危機の時にこそ理性を発揮する努力を怠ってはならない。その際にポイントとなるのは，「弱い」立場にある人々をどう支えるか，という点であろう。

この点，世間の評価という観点から見ると，ホストクラブやパチンコ店，産業廃棄物処理業者（→第8章）は弱い立場にあるし，生活保護の受給世帯（→第3章）や不法滞在者（→第10章），アスベストの被害者（→第14章）なども社会的少数者という意味で弱い立場にあると言える。

弱い立場にあるということは，問題が生じたときに孤立無援に陥りやすいことを意味する。例えば，産業廃棄物処理業者に不法投棄の嫌疑がかけられたり，生活保護の受給者に不正受給の疑いが生じたり，不法滞在者が本国に強制送還されそうになったりした場合，世論が味方になってくれることはほとんど期待できない。そのため，圧倒的な力を有する公権力の前に泣き寝入りをするという事態も起こり得る。

なお，少数者に対する偏見や差別が残っている場合には問題はより深刻になるが，そうでなくても，少数者の権利や自由がなおざりにされる場合がある。これは，そもそも少数者の直面する諸問題が多数者に知られていないことに起因すると考えられる。少数者といっても，セクシャル・マイノリティにも様々なタイプがあるし，患者数が極めて少ない難病も数多い。また，外国人についても，それぞれが置かれている状況は千差万別である。そうすると，多数者が問題を問題として認識できていないために支援を怠ってしまう，という事態も起きるのである[136]。

136　例えば，第3章で見たように，難病の一つであるALS（筋萎縮性側索硬化症）の場合，重症の患者になると体をわずかにしか動かすことができないために，障害者総合支援法に基づく1日24時間の重度訪問介護が必要とされている。しかし，過去においては，十分な介護給付が提供されておらず，給付額の増額を求める訴訟が提起されていた。近年では，ALSの認知度が高まっているために世論の支持も得られやすくなったが，従来は，そもそもALSの存在自体が知られていなかったために，支援が行き届かない場合もあったのである。

　しかし，行政法に限らず，「法」の役割とは，正義公平の観点からこのような弱い立場にある人々を守ることにある。人々が頼ることのできる「最後の砦」として行政法が存在し，裁判所が行政法を——時として大胆に——適用して多くの人々を救ってきたことは本書で紹介した通りである。

　若干残念なことに，このような行政法の存在意義はあまり知られていない。行政法の体系は極めて複雑であるために，初学者にとっては近寄り難い感じがするかもしれないが，そのエッセンスとでもいうべき基本理念は極めて簡単で明瞭である。適正手続の理念であれ，比例原則であれ，国家賠償制度であれ，人々の権利や自由を守るという制度趣旨はそう難しくなかったはずである。

6.　行政法と立法政策

　本書では，法律の改正によって恩恵を受けた生活保護受給者（→第3章）や逆に翻弄された道路運送事業者（→第12章・第13章）などが登場した。法律の制定・改正は多くの人々の運命を左右する一大事であり，行政法学にとっても重要な関心事であるが，既存の法律をどのように評価するかという点については，次の二つの考え方があり得る。

　一つには，現行の法律を前提として，その枠内でとり得る解釈を分析するという考え方がある。例えば，COVID-19の感染防止対策について現行の特措法の枠内でどのような対策が実行できるか，を検討することである。これを「解釈論」と呼ぶことがある。

　他方で，現行の法律の欠陥や問題点を指摘して，より望ましい法律を提言するという考え方がある。例えば，上述の特措法をどのように改正すべきか，を検討することであり，こちらは「立法論」と呼ばれることがある。

　行政法を学ぶ際には，まずは現行の法律に対する正しい知識を得た上で，解釈論を検討することから始める方が望ましいだろう。立法論として「あるべき法」を追求する第二の考え方も興味深いが，それはやはり「ある法」に対する正確な理解が前提になると考えられるからである。

　その上で，現行の法律に重大な欠陥がある場合には，より理想的な法律案を躊躇なく提言すべきであろう。テフロン加工が剥がれた古いフライパンを使い続けて料理に失敗するよりも，新しいフライパンに買い替えた方が効率的であるように，耐用年数が過ぎて社会の変化についていけなくなった法律は退場させた方が望ましいからである。

　このような視点から本書を振り返ってみると，生活保護法の改正は理想的なものであったと評価できるが（→第3章），道路運送法の改正にはデメリットも多かったと言える（→第12章・第13章）。そのため，「過ちては改むるに憚ること勿れ」という諺にもあるように，「タクシー適正化・活性化特別措置法」の制定が試みられたのである。また，感染症法や特措法については，2020年末の「第三波」の到来を受けて大幅な改正が実現したが（→第5章），本当に従来の法律に重大な欠陥があったと断定できるのだろうか。しばらく経って振り返ると，この度の改正は拙速であったと評価されてしまうのではないだろうか。

　また，法律以外にも，省令や通達といった行政立法の改正についても学んだが，よくよく考えると，国会における審議を経ずに，行政庁の一方的な決定によって様々なルールが変わるということには弊害も少なくない。現実には，行政立法に委ねられている事項が極めて多いために，人々や事業者の権利・自由が行政庁の決定次第で大きく変動してしまう。そこで，行政庁の恣意を抑制するために行政立法に対する統制を強化する必要が出てくるが，統制を強化すれば，今度は行政立法の効率性が落ちてしまうという副作用を覚悟しなければならない。

　例えば，第6章で見た乳児用液体ミルクについては，審議会での慎重な検討を経た上で省令が改正されたものの，事業者の営業戦略や子育て世帯のライフスタイル，さらには乳幼児の生命・健康に関わることが厚生労働省の組織内で決まったことは，読者にとっては驚くべきことだったかもしれない。また，省令改正までに長い期間がかかったことを評価する考え方もあれば，逆に利用者の利便を損なうという批判もあるかもしれない。

　いずれにしろ，現実のルール策定の大部分は行政機関が担っているのであるから，不合理なルールが策定されていないか，また，必要なルール改正が適時に実施されているのか，その動向に注目し続けることが肝要であろう。

7．終わりの終わりに

　本章では，再びCOVID-19に関する事例を参考にして，権限濫用の禁止について学んだ上で，復習として幾つかの論点を取り上げた。若干とりとめのない話に終始してしまったかもしれないが，それは，本書のまとめとして読者に伝えたいことを筆者がまだ考えあぐねているからに他ならない。

　従来の伝統的な教科書に比べると，本書のスタイルはかなり異端であろう。それでも本書を最後まで読んでくれたのであれば，筆者としても大変嬉しいことである。行政法の研究を志してから早20年以上が経ったが，最近強く思うのは，行政法のエッセンスをできるだけ分かりやすく抽出して，それを1人でも多くの人々に知ってもらいたい，ということである。

　もちろん，行政法に限らず，憲法や民法，刑法といった主要な法分野は，人々の生活に密接に関わることから，より多くの人々に伝えていく

必要がある。「法」は人々の権利や自由を守るための手段であることから，その知識を深めることは自分や家族の幸福を守ることに繋がるからである。

　実際，私たちは自然災害から身を守るためにハザードマップ（自然災害の危険度を地図上に表示したもの）を確認したり，家電製品等の誤作動を防ぐためにマニュアルを読んだり，病気のリスクに備えるために生命保険等に加入したりしている。生きていく上では様々なリスクと対峙しなければならないことから，リスク管理を日々試みているのである。

　行政法の知識を学ぶということも，これに似ているのかもしれない。自然災害や病気といった困難に遭っても，法律に関する知識があれば，国や地方自治体から必要な支援を速やかに受けることができる。また，事業を営んでいる際に行政庁から不合理な処分を受けたとしても，裁判所に訴えて自らの正当性を主張できる。さらには，規制権限の行使を怠っている行政庁の姿勢を是正させることも可能になる。

　しかしながら，他の法分野にも増して行政法の体系は複雑であることから，知識がないために結果として損をしてしまうことも少なくない。もちろん，行政機関も様々な情報を人々に提供することに努めてはいるものの，必要な情報が必要なタイミングで伝わらないという問題もある。

　本書で取り上げた様々な事例は，必ずしも頻繁に起きるものではないかもしれないが，行政法が問題となる典型例に当たる。それゆえ，これらの事例を学ぶことで，類似の問題が起きたときに行政法の知識を活かして的確に対処できるようになるだろう。本書に出てくる様々な登場人物は未来の「あなた」であるかもしれないと想像しながら，もう一度読み返してもらいたい。

　本書のまとめとして，さしあたり上記のメッセージを読者の皆さんに

伝えておこう。

学習課題

1．水道供給の拒否が問題となった重要な判例として，最判平成11年11
　月21日（志免町給水拒否事件）がある。下記の裁判所 HP に掲載され
　ている判決文を読んで，その内容をまとめよう。
　https://www.courts.go.jp/app/hanrei_jp/detail2?id=52573
2．災害に遭って生活が困窮した場合等には，どのような支援制度があ
　るのだろうか。下記の内閣府 HP に掲載されているパンフレットを読
　んで，その内容をまとめよう。
　http://www.bousai.go.jp/kyoiku/pdf/kakusyuseido_tsuujou.pdf

索引

●配列は五十音順

著者紹介

高橋　信行（たかはし・のぶゆき）

1974年　福岡県に生まれる
1993年　東京大学理科一類入学
1999年　東京大学法学部法学科卒業
2009年　東京大学大学院法学政治学研究科法学博士号（公法）取得
現在　　國學院大学法学部教授
主な著書　統合と国家─国家齎導行為の諸相（有斐閣）
　　　　　自治体職員のための　ようこそ行政法（第一法規）
　　　　　学生生活の法学入門（共著・弘文堂）

放送大学教材　1539418-1-2211（ラジオ）

新訂　行政法

発　行　2022年3月20日　第1刷

著　者　高橋信行

発行所　一般財団法人　放送大学教育振興会
　　　　〒105-0001　東京都港区虎ノ門1-14-1　郵政福祉琴平ビル
　　　　電話　03（3502）2750

Printed in Japan　ISBN978-4-595-32335-5　C1332